実践から学んだ心理臨床

クライエントと指導者、そして物語との出会い

永井 撤

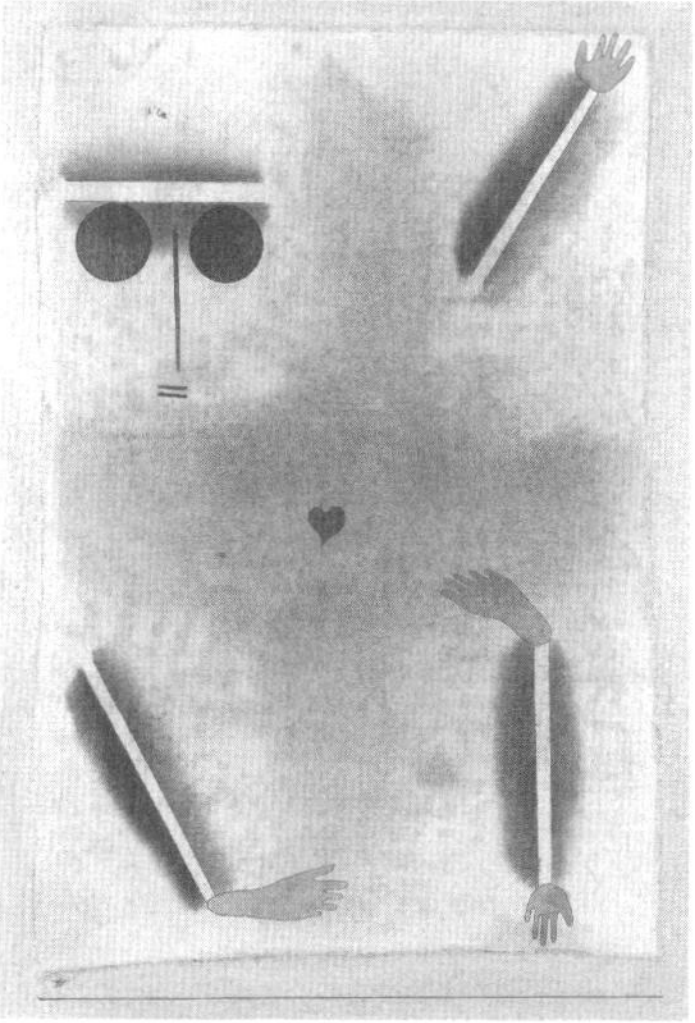

人文書院

はじめに

心理療法の基本は、どのような理論や技法であっても、クライエントとセラピストとの関わりに大きな意味があると思われる。その関わりのレベルや質は、それぞれの立場や考え方、技法によって異なる。しかし、どのような立場からの実践においても、その関わりを抜きに、心理療法の効果や展開はありえないのではないかと考えられる。それはこころの問題が、人との関わりの中から起きてきているることを考えると、当然のことかもしれない。このような心理療法という営みにおいて、クライエントとセラピストの関係について学ぶには、セラピスト自らが一個人としてクライエントや指導者との対人関係を形成していく過程について、十分に意識化していく作業が重要かと思われる。つまりは、「わたし」という一人のセラピストが心理療法を実践するなかから、自らの体験を意識化し、整理していくことが、クライエント理解を深め、さらには心理療法の専門性を高めることになっていくと思われる。

この本では、このような視点から筆者が、一人の「わたし」としての個人的な体験をとおして、クライエントとセラピストの関係を中心とした心理臨床の基本をどのように学んできたのか、まとめたものである。取りあげられている論文の内容は一九八四年から今日までのおよそ四半世紀の間に筆者が、その時々にまとめたものである。取りあげた対象やテーマについて明確な一貫性はないものの、その中で「わたし」という一人の人間が、クライエントや指導者、さらには物語と関わりから、何を体験し、どのようなことを学んだか、そして、その経験がどのように心理臨床家としての自己形成に影響を与えたか、論じたものである。そういう点では一貫した「わたし」の体験をテーマとして語っている。

心理療法を学ぶことは、当然その指針となる理論や考え方が重要であろう。筆者にとっては、精神分析やユング心理学の著作は、臨床の実践に取り組む前から、親しんでいた面もあり、人間のこころを理解する枠組みとして、深層心理を視野に入れた理解の見方を、学んでいたところがあった。

はじめて心理臨床の実際を体験するようになった頃、クライエントとの出会いにおいて、指針としていた理論をよりどころに、クライエントを一方的に分析し、わかったつもりになろうとしていた。ケース検討会やスーパーヴィジョンに参加することで、自分がわかったつもりになっていることでも、いかにひとりよがりの思い込みの部分が多くあったかということに、多くの場面で気づかされる。それは、今まで知識として学んできた理論や技法がまったく意味をなさないように思われ、無力感と自信喪失に揺らぐ自分自身に直面させられる体験であった。しかし、そのような体験を通じて、初めてセラピスト側の一個人としての「わたし」の体験が、治療を進めていくうえで、いかに重要であるかという点に気づく転機になったようにも思われる。それはクライエントにとって、セラピストとしての私が不安や悩みもあるひとりの人間であり、決して専門家として何でもわかる全能的な存在ではないことである。そのようなひとりの人間として、クライエントに関わっていくことが、心理療法の基本として存在することを、私自身がクライエントとして、指導者との心理療法的な関わりを通じて、より深く自覚できるようになった。そのような自分の問題を考えるなかから、クライエントとの関わりにおける自分なりのあり方を見いだしていく道筋を学んでいったと思われる。

クライエントや指導者との直接的な「わたし」との関わりは、書物からでは得られない自らを発見する体験ではなかったかと思われる。このような体験が、心理臨床の実践において中心に位置づけられることを、自分なりの個人的な体験の中で学んできた。

ここでは、そのようは筆者自身のさまざまな臨床上の体験を出会いと関係を中心に、自分の体験してきた時期をふまえて、ふり返ってみたい。これは、いわば「わたし」という一人のセラピストのケースヒストリーともいえる。クライエントとの関係性を重視した心理療法を実践していくうえで、多くの若い臨床家が直面する課題に対して、この本が何らかの参考になれば、と思っている。

実践から学んだ心理臨床・もくじ

第Ⅰ部　物語と心理臨床の実際との関わり

第Ⅰ部では阿闍世の物語を手がかりに、親と子どもの問題を取りあげてみた。最近、心理臨床の実践の中で、「物語」という言葉は、クライエントの心理について論じるうえで、広く使われている。クライエントが自らの体験を語る内容を、そのクライエントの物語として、理解していこうとする見方は、ナラティヴ・ベイストのアプローチとして、定着してきている。このような流れの中で、多くの人にとって体験を共有しやすい普遍性をもった物語（神話や昔話）に対応させて個人の心理を取りあげることは、クライエントの物語とその心理を理解する有効な手がかりとなるのではないかと思われる。これは精神分析やユング心理学では、古くから用いられていた方法である。私自身、そのような立場にはこだわらずに、実際のケース理解を広げてくれるものとして、物語を考えるようになってきている。

阿闍世の物語は、親子関係の特に母親と子どもとの深層に潜むさまざまな葛藤を理解するうえで、いつも頭の隅にあった物語である。私がまだ二十代の頃、初めてこの物語を知った頃は、もっぱら母に対する子としての阿闍世に関心が向いていた。そこには自分自身の未解決な課題を無意識的に読みとっていたと思われる。自分を愛してくれていたと思っていた母が、結局は母親自身のエゴのために自分を利用していることに気づいた時の怨みの気持ちに、刺激されるものがあった。それは、子どもが自立の課題に直面した時、親自身がもつ分離の不安や寂しさから、何かと干渉してくる姿勢の中に、親自身のエゴを感じとっていたように思われる。時間の経過とともに、関心の比重は、この物語が語っているもう一つの話、子を思う母親に移ってきた。そして、母と子の物語は、母と子から、その子が親になる課題に直面することで、孫へと継承されてきている物語として、新たに読みとれるのではないかと思われる。

さらに、もう一つこの物語は、精神分析の中で中心的な概念となっているエディプス・コンプレックスを説明するためにS・フロイトによって取りあげられた、オイディプスの物語の中で動いている原理と対比して考えられる課題や、自己のあり方を示しているように考えられる。私の中では、オイディプス的な姿勢か、あるいは阿闍世的な姿勢をとるかは、基本的なあり方として、いつも気になっていた。それはいまでもさまざまな現実的な場面で直面させられている。オイディプスのように、過ちに対して一貫してその罪を明確化し罰しようとする、責任の所在を明確化する姿勢を重視するのか、阿闍世のように、過ちに対して曖昧なままますべてを包みこむかたちで許すことが、解決へ至らしめるのか。現実的な現代社会に生きていくうえで、阿闍世的な姿勢は通用しにくくなっていることもまた事実であり、難しいところである。心理臨床において、オイディプス的なあり方をめざすのか、いわゆる日本的な阿闍世的あり方を基本的姿勢として維持するのか、簡単には解決しえない課題を提起しているようにも思われる。

第一章　阿闍世《あじゃせ》の物語とケース理解

1　母と子の問題——ある事例から

登校拒否の高校二年生のH君が、次のように語ってくれた。「自分が中学の頃、母親と自分との間には、言ってはいけないことなんて何もなかった。感情的になると、二人ともすごいことでも平気で言いあっていた。テーブルをひっくり返したり、部屋をめちゃくちゃにしたことはあったが、コップの水をかける程度で、母親に対して直接的に暴力をふるったことはなかった。しかし、その頃いつも母親が死ぬようなことになったら、その時、死に臨んだ母に向かって、自分は心の底からあなたのことを嫌いだったと、最後の言葉として言ってやりたいと思っていた」と言う。筆者は、この言葉の中にH君の母に対する非常に深い怨み・憎しみの感情とともに、自分では象徴的にすら殺すことのできない母親に対する矛盾した気持ちもうかがうことができ、印象深い言葉として残っている。

H君の家庭は、母一人子一人の母子家庭である。父と母はH君が二歳半の時、離婚している。母親は四人姉妹の末娘であった。結婚して両親から離れてしまう姉たちを見るにつけ、手に職をもっていたH君の母親は、自分は一生結婚などせずに、両親の面倒をみようと決意していた。しかし、両親が入院したことで、結婚し親を安心させねばと思うようになり、婿養子として家に入ってもらうという条件で、見合い結婚をしている。仕事をしているうえに、家やアパートもあるため、経済的には安定していた。

結婚後一年半で、両親が相継いで亡くなっている。両親が亡くなるとともに、今までおとなしくしていた夫の態度が急に変わり、それまで勤めていた会社をやめて、家でぶらぶらするようになる。その後、事業を始めるが、もとよりうまくいくはずもなく、すぐに失敗に終わっている。夫は何を言っても聞こうとせず、経済的に自立している母親にとって、精神的にも頼りにならなかった。彼女は一人であることを強く感じ、せめて自分の生きがいのためにと妊娠・出産するが、子どもが出来た後も、夫の態度は変わらず、H君が二歳半の時、離婚することになる。

H君が四歳の時、母親は再婚をする。H君にとって義父にあたるこの人は、はじめH君を非常に可愛がるのであるが、その後、事業を始め、忙しくなり、うまくいかないことがあると時にはH君に対して八つ当たりをするようになる。結局、事業が失敗すると雲隠れをしてしまう。時々、家に顔を見せたりもするが、何をしているのかわからずという状態が続き、周囲からの風当たりも強くなり、H君が八歳の時、また離婚することになる。この義父に対しH君は、よく叱られていた頃は「大きくなったら仕返しをしてやるから」と言っていたが、離婚が決まった時には、「お父さんは叱ったけど、ぼくにはそのほうがよかったんだ。いつかお金ためてもどって来てくれると思っていたのに……」と語っていたという。このような二度の結婚の失敗とともに母一人子一人になったのであった。

H君は母にとって非常に素直ないい子であり、勉強もできた。しかし、小学五年生の時、書類記入の際のことをきっかけにして、父のいないことを気にするようになる。さらに小学六年生の時には、十二指腸潰瘍のため入院している。表面的には素直で明るく頭のよい子であったが、思春期の始まりといえるこの頃に、すでに十二指腸潰瘍になるような重い心理的ストレスを心の奥でもっていたことになる。中学校に入ると、それが表面化してきて、母親に対し反抗的なところがみられるようになり、学校の友人に「お前、お父さんがいないのだろう」と言われ、その相手を殴るという事件を起こしている。中学二年の二学期から不登校になっている。三年になり一時登校するが、十二指腸潰瘍を再発し、二カ月間入院、その後ほとんど登校していなかった。H君が最初に語っていてくれたことは、この当時のことをふり返ってのことである。

H君は、母親が言うことで自分が一番頭にくることを、次のように語ってくれた。「母は、自分が学校に行かずに家でごろごろして怠け者であるのは、父親のせいだと言う。母は私の家系にはお前のような怠け者は一人もいない、父親の血を引いているから、お前はこんな怠け者なのだと。そう言われると自分のほうも頭に血がのぼって、それならどうして結婚したんだよ。結婚しなければよかったじゃあないか。お父さんと結婚したのは、あんただろうと、食ってかかってやった。さすがに、この時はだいぶ家の中をめちゃめちゃにしました。」H君が「うちの親子に言ってはいけないことは、何もないんです」と語ってくれたのは、このような内容についてである。しかし、さらに続けて、「本当はもう絶対に何も口をきかないでいようと思うのに、やっぱし母親しかいないから、いくら喧嘩しても、つい自分のほうから口を開いて話をしてしまう」とも語っている。

このようにH君の問題は、自らの出生そのものにその起因しているということができる。これは、王舎城の悲劇として有名な阿闍世王の物語において語られている「未生怨」、つまり十二指腸潰瘍になっているH君の姿は、その怨みが自らの身体を蝕むほどのすさまじさをもっていることを明らかにしていると考えられる。

2　阿闍世《あじゃせ》物語と阿闍世コンプレックス

母と子の結びつきにおける心の深層に存在する錯綜した感情について、古沢平作は、フロイト（S. Freud）の父親に対する抑圧された敵意をもつと考えられる「エディプス・コンプレックス」に対し「阿闍世コンプレックス」と名づけた。一九三二年、フロイトのもとに留学した古沢は、「罪悪意識の二種——阿闍世コンプレックス」（古沢　一九七九）という論文を独訳し、フロイトに提出している。古沢は、阿闍世の話をおもに親鸞の『教行信証』の中で用いられている『涅槃経』の中の阿闍世に関する記述から引いてきている。この阿闍世物語は王舎城の悲劇として有名であり、種々の仏典の中で語られている。石田充之によるとこの阿闍世物語は古くは呉（二二二〜二八〇年）の支謙訳『仏説未生寃経』にみることができ、話として整えられているものに『四分律』『涅槃経』などがあるが、その内容を最も整備して示すものは善導の『観経疏』序分義であるという（佐藤・石田　一九五七）。善導は『観無量寿経』を生命ある救済経典として理解しようとするために、阿闍世物語の現実性に注目し、阿闍世を翻訳し未生怨と名づけ折指《せっし》と名づける由来としてその逸話をだしてきている。ここでは阿闍世物語を、石田によるその内容の紹介に沿って、『教行信証』（石田　一九八三）の『涅槃経』の話なども含めながら概要をまとめてみよう。

昔、インドの摩伽陀国の王である頻婆娑羅《びんばしゃら》には子どもがなかった。そこである時、能く占う婆羅門の相師をして占わしたところ、彼が王に語るには、裏山の仙人が三年後には死んで王のために子どもとなって生まれてくるでしょうと言う。王は年老いて、三年間を待ちきれず使者を仙人のもとに使わして、王のもとに来るように願われたが、仙人がその招請に応じないため、三年を待たずして殺したのである。この仙人の殺害は『涅槃経』では鹿狩りに出かけた頻婆娑羅王が、鹿がまったくとれず、そこで出会った仙人が神通力によって鹿を逃がしたものと思いこんで、腹を立てて殺したことになっている。いずれにしろ、仙人は死ぬ際に、自分が死んで王の子として生まれた時には、いずれの日か、その子は王を殺すことになるでしょうと言って死んでいる。

その日の夜に、頻婆娑羅王の夫人である韋提希《いだいけ》は妊娠する。王は大変喜んで、夜明けを待って、相師を呼んで夫人を観させたところ、「男の子が生まれるが、その子は将来父王を害するでありましょう」と語った。王は憂いと喜びが入りまじり困りはて、夫人と相談し、子どもを高楼から生み落とすことにする。こうして、韋提希夫人は、自分の子を生み落とすが、子どもは死なずに手の指を折っただけであった。このような因縁から、この王子を一般の人は婆羅留支《ばらおんし》、すなわち折指太子と呼んだ。その当時、釈迦の従兄弟に提婆達多《だいばだった》がいた。提婆は出家していたが心が悪く、人となりが獰猛であり、釈迦の名声が高く、布施が多いのを嫉んでいた。頻婆娑羅王が釈迦の熱心な信者でつねに金・銀・衣服など多くの供養をすることを見聞きして、提婆は嫉妬心を深くもち、釈迦を殺害し、自らその地位を得ようとたくらんでいた。

そして、提婆は阿闍世を唆《そそのか》し、「太子は知っていますか。釈尊は年老いて今やその任務に堪えられない。そこで、自分が仏陀になろうと思う。あなたの父王も老いたので、太子が王となられたらよい。お互いに新王、新仏として政治と教化に取り組もうではないか」と誘惑したのである。しかし、阿闍世はこれを聞いて、「恩のある父に何事をおっしゃる」と大いに怒り、「そのようなことは言うべきではない」と反対したのである。

その時、提婆は「太子よ、怒ることはない。父王にあなたはまったく恩など感じる必要はない。王は、あなたを高楼から生み落とさせて殺そうとしたのですよ。御覧なさい。あなたの小指は折れているではありませんか。そのために、今でも一般の人は皆あなたを未生怨と呼び、宮廷内の人は善見と言っているのです」と語ったのである。驚いた阿闍世はそのことを雨行大臣のところに確かめに行き、真実であることを知る。こうして、阿闍世は提婆の教えに従って父王を幽閉し、自ら王になろうと踏みだしたのである。

ここにおいて、王舎城の悲劇が展開する。阿闍世は、父王を幽閉し、食事を与えずにおく。七日後、見まわったところ、王がまったく衰弱しておらず、いたって元気にしている姿を見た阿闍世は、韋提希夫人が瓔珞《ようらく》に蜜をつめて、王にさし入れしていたことを知る。『観無量寿経』では、韋提希夫人は身体に蜜を塗って、それをなめさせていたとある。いずれにしろ、母が父王を助けていたことを知り、阿闍世は怒り狂い、剣を抜き韋提希夫人を殺そうとした。その時、大臣である月光と耆《き》婆《ば》が、これを止めて言うには「多くの王のなかで、国王の地位を奪おうとして、その父を殺した者は数多くいるが、道理なく母を殺害することは聞いたことがない。王がもし、そのような行為をすれば、これは王として恥であり、汚点となりましょう。悪徳の行いでしょう」と語った。この言葉を聞いて、阿闍世も母を害することは思いとどまったが、侍従者に言いつけて母を深宮に幽閉し、一歩も出さなかった。

しばらくして、阿闍世は、国王として思いのままにふるまおうとして、とうとう父王を殺し王位についた。しかし、その後、父王を殺したことを深く後悔し、胸中しきりに熱し悩んで、全身に流《りゅう》注《ちゅう》という悪瘡ができ苦しむことになる。それは臭気が強く人が近づくことができないほどであった。六人の下臣が御前で慰めたが一向に良くならなかった。母の韋提希夫人も懸命に看護にあたり薬を塗ったりしたが、かえって悪くなるばかりであった。

その時、耆婆大臣が釈迦への帰依をすすめた。すると、天から「耆婆の言葉に従って、仏陀釈迦の所に行って救いを求めなさい。私は今おまえを不憫に思うから勧めるのだ」という声がした。阿闍世がその声の主をたずねると、「私はなんじの父、頻婆娑羅じゃ」と答えた。その言葉に阿闍世はいっそう心苦しくなり、倒れてしまう。阿闍世は、いくら釈迦といえども罪のない父を殺した自分ばかりは救ってくださらないだろうと思いつつ、釈迦のもとに行く。ところが、釈迦は「もし王が罪を受けるなら、世の中で尊ばれている仏たちも、ともに罰を受けるでしょう。なぜなら、あなたの父頻婆娑羅王はつねに多くの仏を供養することで、さまざまな功徳を蓄え、その結果として王位に座することができたのであります。もし仏たちが供養を受けなかったら、その時は王になることもなかったろうし、そうすればあなたも国のために王を殺すことにもならなかったでしょう。もし、あなたが父を殺して罪があるなら、私たち仏もまた罪があることになるだろう。もし世に尊ばれている仏たちが罪を受けることがないなら、どうしてあなた一人が罪を受けることになるでしょうか。そんなことはないでしょう」と語ったのである。

この釈迦の言葉に、追い詰められて苦悩している阿闍世の心は、一時に開かれ晴れたのである。阿闍世は「釈迦よ、わたしが見たところでは、伊蘭《いらん》の種からは伊蘭の木が生えるのであって、伊蘭の種から立派な栴檀木《せんだんぼく》の生えたためしはない。しかし、私は今初めて、伊蘭の種から栴檀木が生えるのを見ました。伊蘭とは自分の身で、栴壇木とは今自分の得た信心であります」と語った。この信心は「無根心」とよばれている。ここに、阿闍世は釈迦の導きにより救われ、熱心な信者となった。その後、阿闍世を唆《そその》かし、自ら釈迦を倒し仏陀になりかわろうとした提婆達多は、釈迦の殺害に失敗し、自ら無間地獄に落ちる身となるのである。

古沢は、フロイトがエディプス・コンプレックスの存在に関連して主張する人間の罪悪感が、子どもが父親殺しという大罪を犯してしまい、それはあくまで罰せられねばならないという罪意識を土台として形成されているのに対し、父を殺し母をも殺さんとした阿闍世が釈迦に自らの悪業を許されるところに注目して、その違いを明らかにしている。つまり、阿闍世の物語に示されているのは、自分の犯した罪が許されることによって、心からすまない、とわきおこってくるところの罪悪感であり、これをエディプス・コンプレックスに対し、阿闍世コンプレックスと名づけたのである。

古沢は、仏典の中では父王が仙人を殺すことによって阿闍世が誕生するという話を、阿闍世コンプレックスの説明の中で、母である韋提希夫人が年老いて身の容色の衰退が王の愛のうすれる原因となっていることを深く憂い、子どもが生まれることで王の愛を引き留めることになると思い、三年間待ちきれずに仙人を殺した、と話を変えている。この点に関し、古沢に三〇年近く師事した木田恵子によると、彼女がこのことを問うたところ、古沢は「お経にはいろいろありますが、私はフロイトのエディプス・コンプレックスが愛情の葛藤を取り上げているのに対して、もっと深いところの根源的な問題として人間の生存についての葛藤を与えたかったので韋提希夫人の女としてのエゴイズムに端を発している話に注目したのです」と語っていたという（木田　一九七七）。つまり、エディプス・コンプレックスでは母に対する愛のために父王を殺害するのに対し、阿闍世が父王を殺害するのはけっして母に対する愛欲ではなく、母が容色の衰えとともに、王の寵愛の去ることを憂いた悲しむべき母の煩悶にその源を発しているのである。古沢は、この点に関し、臨床家として普遍性をもったテーマとして母親の問題を提示しようとして、話を改変したと考えられる。

この点に注目した小此木啓吾は、古沢による阿闍世コンプレックスの考えを日本人論的観点から広く紹介する（小此木　一九七九ａ）とともに、阿闍世が母を殺そうと思いながら踏みとどまり、悪瘡の苦しみにおちて、それが釈迦の許しで救われるところを、実母である韋提希夫人による献身的な看病によって救われるという形に話を変えている（小此木　一九七九ｂ）。小此木は、母子関係の問題として、すべての人の心の深層に普遍的に妥当するテーマとして阿闍世コンプレックスを位置づけるために話を意図的に変え、その内容の意味するところの明確化をはかっている。小此木は、阿闍世コンプレックスの意味する内容について、①理想化された母への一体感＝甘えの世界、②母によるその裏切り＝怨み、③怨みを超えた許し合いの世界、という三つの心理的構成要素からなる心理複合体として、まとめている。

阿闍世コンプレックスは、古沢が話を変えて阿闍世の母である韋提希夫人のエゴイズムを強調することによって、二つの側面を含んでいるということができる。一つは母子関係における子どものほうの問題であり、阿闍世が自らの未生怨とそれによって犯した罪に直面し、苦悩しながら解決の道を捜して行く阿闍世自身の成長の過程であり、もう一方には、母子関係における母である韋提希夫人が自らのエゴイズムを克服し、いかにして阿闍世を受容できるようになるかという問題である。これは仏典において、阿闍世王の物語が『涅槃経』では阿闍世の救いの話が語られているのに対し、『観無量寿経』では韋提希夫人の救いを中心に語られている点にもみることができる。ここではこの二つの側面を分け、第3、4節において阿闍世物語そのものに沿って考えてみることにする。

3　母の息子としての阿闍世

阿闍世は、仙人の生まれかわりとして、将来、父王を殺すであろうという不吉な予言を受けて誕生することになる。ここで仙人を殺したのが、子どもの誕生を待ちきれない父王頻婆娑羅であるのか、それとも王の愛が失われるのを恐れた韋提希夫人のエゴイズムであるのか、いずれにしても阿闍世の誕生は恐れられ、死を望まれることになる。それゆえ、韋提希夫人は阿闍世を高楼から生み落とすことになる。阿闍世にしてみれば、この母親の行為の中にすでに自らの生が否定される体験を受けることになる。これが未生怨である。

この未生怨とは、自らの存在を否定することにつながる怨み・攻撃・破壊衝動であり、フロイトのいうところのすべてを破壊し生物を非生物状態に還元しようとする死の本能（タナトス）に通じるものである。木田は、ある種の人には死の本能があまりに強く、その生の本能が欠如しているため、彼らの目標とするところが自己毀損あるいは自己破壊であるようにみえる場合、自殺をもって生涯を終わる行為などがみられ、それは彼らの中で解離が行われ、その結果として内向した大量の破壊本能が急激に放出されたためであるというフロイトの考えを引用し、未生怨を強くもっている人とは、このような人のことであり、古沢がこの種の人のことを「黄泉の国の人」と言っていた、と語っている（木田　一九七七）。

最初に述べた登校拒否のH君の場合、小学生ですでに十二指腸潰瘍を患っている。これは心身症と診断されているが、自ら身体の潰瘍におかされているということの中に含まれているH君のもっている破壊衝動の強さに、フロイトのいうところのすべての生物を非生物状態に還元しようとする死の本能とでもいえるものの力を感じることができないだろうか。そして、その源には、母親が語る「お前の怠けぐせは私の家系にはなく、離婚することで否定された父親の血を引いているからだ」という言葉に含まれる、H君にとって高楼から生み落とされるに等しい、生存そのものを否定しようとする母親の欲望をみてとることができる。

話を阿闍世の物語に戻そう。このような未生怨をかかえた阿闍世は成長し、提婆達多の誘惑により、父王を幽閉し殺すことになる。提婆は、「釈迦は年老いてその任務に堪えられない。これを除いて自分が仏陀になろうと思う。あなたも、父王が年老いられたので、これを除いて王となり、お互い新王、新仏として政治と教化に任じようではないか」と語って、阿闍世を誘惑している。この言葉には既存の権威に反発し、高い理想をもち現実を見きわめずに猛進する青年期に特徴的な心理を揺るがすものがある。今、まさに青年期にいたった阿闍世は、提婆の誘いによりそのような青年期の危機に直面したといえよう。

提婆達多は釈迦の従兄弟にあたるのであるが、釈迦にとってかわり自ら仏陀になろうとする野望をもつ反逆者・異端児であり、仏典では一般に身に「毫釐《ごうり》の白法」をもたぬ「諸罪の原首」として語られ、「極悪人」とされている。そのため彼は「一劫のときを尽して」無間地獄の苦患に仰ぎ「提婆尊者」と讃じている。そのことについて岩本泰波は「親鸞が『親鸞一人』なる人間の根源をこの提婆の極重悪の相に観取し、その逆謗闡提《せんだい》の貌に照射される『自ら』の現実を観たからにほかならぬ。釈迦の提婆への観入をこのように逆照し自らの現実に内観して提婆を『尊者』と讃仰した親鸞の眼には全仏教者の現実を浄玻璃《じょうはり》の鏡に向かって開かしめる深信がある」と述べている（岩本　一九八三）。このことは、つまり提婆の悪の働きかけがなかったら、阿闍世の反逆を生起させることもなかったことになる。そうすれば、阿闍世は無根心という深い悟りの境地に達することもなかったわけである。

このような既存の体制に反発し、破壊しようとする悪の誘いは、個人の中で自らが新たな成長を遂げていくうえで重要な役割を担っている。特に、子どもから大人へと成長していく思春期・青年期においては、自分自身の成長・変化を求める気持ちが非常に強く、それが外界に投影され、体制化したものに対する激しい反発や過敏な行動化を生起させやすい状況にあり、阿闍世もまさにそのような成長の過程に位置していたものと思われる。

H君の場合、小学校の間ずっと素直で明るく頭も良かったのであるが、中学二年から登校拒否という一つの問題行動をとることになる。毎晩夜遅くまで起きているため、朝寝坊してしまい、なかなか起きられずにずるずると休んでしまうH君の姿を見るにつけ、母親にしてみれば、どう見てもずる休み・怠けとしか思えないのである。子どもにとって義務であり当然のことである学校に行くということをしていないH君の行為は、一つの既存の体制化された価値観を破ることになる。これは、母親にとってみれば、ずる休みの怠けであり、悪に染まっている状態とみえるのである。しかし、これも見方を変えれば、表面的にはずる休みの怠けとしかみえない行為の中に、現在の自分自身を一度ぶちこわし、新たな一まわり大きな自己を形成していこうとする可能性を読みとることができる。

ここにいたって、ついに阿闍世は父王を幽閉する。しかし、母親が父王にさし入れをして生き長らえさせていたことを知って怒り狂い、母親である韋提希に殺意をもつ。これは阿闍世の無意識の奥深く沈んでいた未生怨が顕在化し、殺そうとしたのである。しかし、下臣が、「国位を奪うために父王を殺した話は多数あるが母を害せるものは歴史的にも聞いたことがない」と止めに入り、阿闍世を思いとどまらせている。ここで下臣が止めたのは、母を殺すこと=阿闍世が自らの存在を否定することが、一種の自殺行為に思われたためであろう。しかし、ここで興味深いのは、父王を殺すことは多数あると言っているように、父親を殺すことは是認されているかのように思われることである。これはどういうことか。オイディプスの物語においては、オイディプスは父王のライオスを父とは知らないで殺している。つまり、それだけ抑圧した状況で殺害が行われている。それに対し、阿闍世は明らかに父親を意識化して殺している。さらに付け加えると、父親である頻婆娑羅は、生まれてくる子どもがいずれは自分を殺すだろうという予言を受け、一度は殺そうと思いたっている。しかし、阿闍世が指を一本折っただけで助かると、その後は殺そうとはせず、成人するまで育てている。頻婆娑羅は阿闍世がいつか自分を殺すであろうことを知っていたのに、なぜ回避しようとしなかったのであろうか。

さらに、阿闍世に殺された頻婆娑羅は自らの死後、悪瘡に苦しみ自らの罪にうちひしがれている阿闍世に対し、仏陀釈尊の所に救いを求めにいくようにすすめている。ここには、阿闍世が王となるために自分を殺した罪を、許している父王の姿がある。オイディプスの話では、父を殺したオイディプスは自らの目を潰すことで罰せられなければならないのに対し、父は阿闍世に救いの手をさしのべている。

実は父の頻婆娑羅も阿闍世の誕生以前に、仙人を殺しているのである。その動機は子どもが欲しいためか、あるいは鹿狩りの邪魔に腹を立てたからか、いずれにしろ仙人を殺す罪を犯している。それゆえに、父王は阿闍世の罪を許すことができたのであろう。しかし、自らが阿闍世を救ったわけではない。阿闍世を救ったのは釈迦である。釈迦の阿闍世に対する態度は暖かく包みこみ、受け入れてすべてを許そうとするそれである。非常に母性的な態度ということができる。父である頻婆娑羅も釈迦の熱心な信者であったことを考えると、この釈迦のもつ、すべてを包みこむ母性的とでもいうべき支えがあったからこそ、自らを殺した阿闍世の罪を許す態度をとることができたと思われる。

このようにみてくると、すべてを許し受け入れ見守ろうとする母性的な仏陀の懐に抱かれた中で、仙人―頻婆娑羅―阿闍世という男性の殺し殺される円環構造のドラマが成立していることがわかる（河合 一九八二）。エディプス・コンプレックスが父王を殺すことによって、いかに自立した成人になるかという課題で終わっているのに対し、父を殺し成人した人間もいつかは自らの息子によって死に直面させられるというその先の課題までもが、この阿闍世のドラマの中で語られている。人は親を象徴的に殺すことによって、いかに自立した大人になるかという課題とともに、人生の後半を迎えた人にとって「死」が避けることのできない人間の最も重要な課題であることが扱われている。人が死ぬことによって帰っていく「母なる大地」は、また再び新しい生命を生みだす母体でもある。そのような言葉で象徴される深く大きな母なるものに包まれて、阿闍世のドラマは展開するのである。

4 母としての韋提希夫人

次に、母親の問題として韋提希夫人を中心に阿闍世物語を考えてみよう。

韋提希夫人の姿は『観無量寿経』では本当の凡夫として描かれ、そのような凡夫のもとにも釈迦が現われ、教を説かれることで救いの道が開かれたことが語られており、『心地観経』では夫人は凡夫の姿をしているが高い修業を積まれた菩薩であると述べられている。

前述したように、古沢は阿闍世の誕生を夫である頻婆娑羅王の愛がうすれるのを恐れた韋提希夫人のエゴイズムにその源があると述べている。しかし、たとえそのエゴイズムで仙人を殺さなかったにしろ、自分の子どもを高楼から生み落とす韋提希には、生まれてくる子を思う母というよりは、愛する夫のことをまず考えようとする一人の女の姿が見いだされる。さらに、阿闍世が父王を幽閉した時、『観無量寿経』では身体に蜜を塗ってそれを父王に与えたと語られているが、この韋提希の行為には性的な意味合いも読みとることができ、この場に及んでも夫である頻婆娑羅を愛そうとする女の姿をいっそう特徴づけている。

その後、阿闍世は父王を殺してしまうのであるが、自らの行為に対し深い後悔の念に苛まれることになり、身体中に悪瘡ができる。そのように病気となった阿闍世を韋提希夫人が看病するところがある。『教行信証』から引いてみる。「悔悟の思いが熱を生じたため、身体じゅうに瘡ができ、その瘡は臭く汚く、とても近寄れたものではなかった。そこで、王はこう思われた。『わたしはいまこの身に前世の報いとしてすでに王位をえた。しかし地獄の報いが近づくのもそう遠くはなかろう』と。その時、母の韋提希がさまざまな薬をもちいて、これを癒そうと塗ったけれども、瘡は増えるばかりで減るようすはない。王は母の后に『このような瘡は心から生じたもので、身体から起こってきたのではありません。もし、直せる人がいるというとしても、そんなはずはないのです』ともうしあげた」（石田　一九八三）とある。

自分の愛する夫が息子である阿闍世に殺された後、その父殺しの罪に深く後悔し苦しんでいる息子に対して、韋提希夫人は薬を塗って治癒することを願っている。夫である頻婆娑羅の死によって、はじめて韋提希夫人は母性に目ざめたのであろうか。しかし、ここで阿闍世に対して韋提希は、盲目的に薬をただひたすら塗って治ることを願うのであるが、その結果は瘡がますます悪化するばかりである。つまり、韋提希が世話をすることが病気を悪化させ、もしここで父王による天の声の導きがなかったならば、阿闍世は死んでしまったかもしれないのである。これは「この瘡は薬を塗っても治りません。心の問題なのですから」と語っている阿闍世の悲痛な苦しみを、韋提希がまったく理解できずにいることを示している。それにもかかわらず盲目的に看病する韋提希の姿には、現代における家庭内暴力や登校拒否などの子どもをかかえている母親の姿と重なる部分も多い。子どもが暴れまわることによって全存在をかけて自らの苦しさを訴えても、ただただ暴力に恐れおののき、その鎮まることにしか関心が向かず、その子の本当の気持ちを理解しようとしない母親の姿である。そして、それにもかかわらず子どものためにと種々の病院や相談機関を訪ね歩いたり、心理学や精神医学の本を数多く漁っては、ひたすら良くなることを願っている母親の姿である。

しかし、これらの母親は自らの問題にまったく気づいていない。阿闍世が今、悪瘡が出来、苦しんでいる元々のはじまりは、阿闍世の死を願いつつ高楼から生み落とした韋提希その人に原因があることに、彼女はまったく気づいていないのである。

結局、阿闍世を救ったのは頻婆娑羅の導きによる釈迦の暖かく包みこもうとする許しによる。そこには、盲目的に看病する韋提希夫人の中に見られる呑みこみ支配しようとする母親のエゴを超えた、すべてを受け入れつつ慈しみ育てようとする母性的な姿をみることができる。古沢は、このような態度を「とろかし」といっており、さらに「あくなき子どもの『殺人的傾向』が『親の自己犠牲』によって『とろかされて』はじめて子どもに罪悪の意識が生まれる」とそのあり方について述べている。現代においては、母親が「自己犠牲」をなしつつ、子どもを「とろかす」態度をとるという母性的なあり方の維持が非常に難しくなってきており、その問題を強く感じていたために、古沢は阿闍世の悲劇の始まりを韋提希夫人のエゴによる仙人殺しとした、と考えられる。

H君の母親は四人姉妹の末っ子であり、姉たちが結婚し家を出るのに対し、自分は結婚せずに家に居て両親の世話をしようと思っていた。H君の父親と結婚したのも、両親を安心させようと思う気持ちからである。このように、親との絆が非常に強く、親から精神的に自立できていない未成熟性が感じられる。しかし、その反面、技術を身につけているため社会的地位を得ており、経済的に自立しているところもあった。母親にとって二度の離婚も、その自立した経済力があるために、苦境に立たされてもその運命に耐え忍んで夫に従うよりは、自らの意志で決断し、一人で歩んでいく道を選択したのであろう。しかし、その一方で一人で生きる心の寂しさをうめてくれる支えとして、自分自身のエゴのためにH君を産んでいる。母親にとってH君は唯一の心の支えであり、生きがいの対象である。思春期にいたったH君は、このような自らを呑みこみ、支配しようとする母親から分離し自立するために、もがき苦しんで種々の問題を起こしているとも考えられる。しかし、自ら離れていこうとするH君の態度は、母親にとっても生きる支えを失うことを意味し、非常に苦しく、困難な問題を突きつけているといえる。

ある登校拒否の女子中学生の母親のケースで、次のようなことがあった。登校拒否になるのは水子の霊が憑いているからであり、よく拝んで供養してあげることが大事であると、ある宗教関係の人から言われ、その後彼女は熱心な信者となり、子どもが学校に行くことを一生懸命に祈ったという。この母親がある時「自分は結婚する前に好きな人がいた。その人とはどうしても結婚できない関係にあったが、妊娠してしまった。結局悩んだすえに堕胎した。その堕胎した子どもの供養を今までやってあげたこともなかった。自分のそんな過ちが、今、子どもが登校拒否になって起きているのだと思う」と語ってくれた。罪の意識に苛まれているこの母親は、宗教にすがることで自らの救いを見いだそうとしたように思われる。

阿闍世が殺し、母を殺そうと思い殺しえなかった罪に苦しみ悩むように、阿闍世を高楼から生み落とし殺そうとして殺しえなかった罪に、韋提希夫人が本当に気づいた時、もうすでに人生の晩年に近づいた彼女に、どのような救いの手がさしのべられるのであろうか。これは、現代における非常に難しい問題を提示している。現代において、阿闍世の苦悩を救い、韋提希夫人を悟りへと導く、すべてを許し包みこむ仏陀釈尊とはどのようなものか、そしてそれははたして可能なことなのだろうか。心理療法をはじめたばかりの駆け出しの筆者には、まだ何も言えないのである。

文献

岩本泰波　一九八三　『ユダと提婆達多』第三文明社。
石田瑞磨編集　一九八三　『親鸞』（「日本の名著」6）中央公論社。
小此木啓吾　一九七九ａ　「阿闍世コンプレックスからみた日本的対象関係」同編「特集：精神分析・フロイト以後」『現代のエスプリ』一四八号。
――　一九七九ｂ　「古沢版阿闍世物語の出典とその再構成過程」同編『精神分析・フロイト以後』（『現代のエスプリ』一四八号）。

木田恵子　一九七七　「古沢平作『罪の意識の二種』について」依田明・小川捷之編「母親」『現代のエスプリ』一一五号。
河合隼雄　一九八二　「元型としての老若男女」大江健三郎・中村雄二郎・山口昌男編『老若の軸・男女の軸』（『叢書　文化の所在』5）、岩波書店。
佐藤春夫・石田充之　一九五七　『観無量寿経』法蔵館。
古沢平作　一九七九　「罪悪意識の二種——阿闍世コンプレックス」小此木啓吾編「精神分析・フロイト以後」『現代のエスプリ』一四八号。

解題

この論文は一九八四年に書いたものであり、筆者が、このような物語をはじめて取りあげて論じた論文である。今改めて読みなおしてみると、母である韋提希夫人の課題については、駆け出しの筆者には、「まだ何も言えない」という言葉で結んでいるが、母と子の問題は、今日、ますます深刻な課題となっている。母親としての役割を維持し、表面的には取り繕おうとする姿が、まだあの時代には残っており、自らの欲をあからさまに出すことへの恥じらいや躊躇は、その母親たちの育ってきた戦後という時代背景からもうかがうことができた。しかし、高度経済成長の七〇年代、バブル時代の八〇年代にその思春期・青年期を過ごした次の世代にとって、自らの欲を主張することのためらいは、かつてほど躊躇せずに行うことができるようになった。しかし、その一方で乳幼児の虐待の問題をはじめとしてさまざまな親子の問題はますます深刻になってきていると考えられる。

第二章　オイディプスと阿闍世の物語の比較から
――自己の確立と継承性について

1　はじめに

子どもが、三歳から五歳くらいになると、異性の親に対し親密な感情をもつのに対し、同性の親に対しては敵対的な憎悪の感情を向けることは、発達過程においてかなり認められる現象である。このような感情体験をとおして、我々は自分自身の男性性・女性性という性的な自己を自覚すると考えられている。S・フロイトは、このような両親と本人という三者関係において起きてくる葛藤をソフォクレスによって書かれたギリシャ悲劇の代表作「オイディプス王」の物語に典型的なかたちで読みとれるところから、エディプス・コンプレックスと名づけている（一般的にソフォクレスの物語の場合はオイディプスそして心理学用語として用いる場合はエディプス・コンプレックスと訳されている）。そしてこの問題は、自己確立していくうえで直面せざるをえない問題ともいえる。ここでは、自己確立の観点から、この問題についてオイディプス王の話の原典をふまえて、その自己の確立の背景に存在する人間存在のあり方について、特に日本的な人間存在の特徴を表していると考えられる阿闍世《あじゃせ》コンプレックスの阿闍世王の物語を比較しながら、考えてみたい。

2　オイディプス王の物語

ここではアポロドロスのギリシャ神話概説書『ビブリオテケ』を引用しながらその話をまとめている吉田敦彦（一九七八）を中心に以下、述べてみる。

話は、テーベの国の建国から始まる。テーベの国は、フェニキアの王アゲルの息子カドモスによって創られる。カドモスには、四人の娘、アウトノエ、イノ、セメレ、アガウエと息子、ポリュドロスがいた。ポリュドロスがカドモスの後を継いで王となり、ニュクテウスと結婚し、生まれたのがラブダゴスである。

ラブダゴスが一歳の時、ポリュドロスが死に、ニュクテウスが摂政となり、その死後は、彼女の兄弟のリュスコが支配した。ラブダゴスが成人し王位に就くが、息子のライオスが一歳のとき、ディオニュソス崇拝に反抗しようとし、非情の死を遂げる。このためリュスコがふたたびテーベを支配する。リュスコはニュクテウスの娘のアンティオペがゼウスと交わり、アンピオン、ゼトスの二人の子をもうけたのを恐れ迫害する。アンティオペはツキュオンのエポペウス王のもとに逃げ、王と結婚している。やがて、アンピオンとゼトスがリュコスを攻撃し、テーベを支配する。

その頃、ラブダゴスの息子ライオスは、ペロポネソスのペロプス王のもとに亡命、手厚い庇護を受ける。そこで、ライオスはペロプスの息子の絶世の美少年クリュシッポスを誘惑し、死にいたらしめる。これが世に知られた最初の男性同性愛といわれる。

ペプロスは息子を殺したライオスに対し、もし男の子をもうければ、必ずその子によって殺されるであろうと呪いをかける。ここまでが、テーベの王家の家系の背景と考えられる。ここで、ライオスが青年期において過ちを犯しているという点は押さえておくべきであると考えられる。

アンピオンとゼトスの死後、ライオスがテーベを支配し、イオカステと結婚する。ライオスはアポロンの神託で、息子に生命を奪われる運命にあると宣告されていたため、夫婦の関係を慎んでいた。ある時、酒に酔って自制心を失い、妻と交わり、イオカステは妊娠し、男児を出産する。この子を亡きものにするために、ライオスは両足の足の踵《かかと》を黄金のピンで刺し貫いたうえ、自分に仕える牧人に命じて、キタイロンの山中に捨てさせる。腫れ足を意味するオイディプスの名は、ここからきている。オイディプスはコリントのポリュホス王の家来によって命拾いし、王宮に連れ帰られた。オイディプスはコリントの王子として成長し、立派な若者になる。ある時、彼の腕力が優れたことを妬んだ友人から、王の実の子でないと言われる。驚いたオイディプスは、養母のもとに行き、事の真相を問いただしたが、はっきりした返事もなく、デルポイに行き、アポロンの神託を求めた。すると直接の答えはなく、「生まれ故郷に行くな。もし行けば、父を殺し、母と交合することになろう」との託宣を受けた。驚き仰天したオイディプスは、故郷と信じるコリントに、二度と足を踏み入れない決心をし、テーベに向かう。

ところが、その途中の三辻で反対方向からくる尊大な老人と出会った。この老人は、当時テーベを苦しめていたスフィンクスの謎を解決するためアポロンの神託を求めてデルポイに赴きつつあったライオスであった。そうとはつゆ知らずオイディプスはライオスの無礼な態度に腹を立て、従者をひとり残して、殺してしまう。

ライオスの死後、テーベの国では、イオカステの兄弟のクレオンが摂政となる。クレオンは、スフィンクスの謎を解き、この怪物の害を除いたものは誰でも、イオカステと結婚させテーベの王にするという布告を出す。スフィンクスは人間の女性の顔、ライオンの身体、禽の羽をもつ、世にも恐ろしい怪物で、ライオスがクリュシッポスに対して犯した罪を罰するため、ヘラ女神に遣わされ、テーベの住民を苦しめていた。その謎とは「一つの声（形）を持ちながら、四本足、二本足、三本足になるのは何か」という問いであった。

テーベの住民が困窮と悲嘆のどん底にあった時、やってきたオイディプスはその謎を解く。その答えを聞いて、スフィンクスは断崖から身を投げて死ぬ。オイディプスはその功績によって、約束どおり、なにも知らぬまま実母であるイオカステと結婚し、テーベの王となる。そして、ポリュネイケス、エテオクレス、という二人の息子とアンティゴネ、イスメネという二人の娘をもうけ、市民からは救国の名君と仰がれて、しばらくは栄誉と繁栄のなかに幸福に暮らした。

ところがある時、テーベの国は突然の悪疫に見舞われ、作物はできず、家畜も繁殖せず、人間の子も生まれない状態になった。オイディプスはテルポイにクレオンを派遣し、災厄の原因を尋ねさせた。クレオンの伝えたアポロンの神託は、今のテーベの災厄は先の王ライオスを殺害した下手人が罰を受けずに市に住みついているけがれによって引き起こされたものであり、この犯人を捜しだし追放すれば自ずと終息するというものであった。

ソフォクレスの「オイディプス王」の話は、ここから始まっている。つねに罪は罰せられねばならないという、真理を明らかにしようとする姿勢のもとに、オイディプスの犯人捜しが始まる。予言者のテイレシアスは真実を語るのを拒み、オイディプスはその理由が了解できず、クレオンの策略かと疑う。イオカステはオイディプスをなだめつつ、ライオスが三筋の交叉する辻で盗賊に殺されたが、一人だけ逃げてきた生存者のいることを語る。オイディプスは、その男を呼びにやる。

その間に、コリントからの使者が来て、父であるポリュボス王の死去を伝え、オイディプスに王位に就くよう求める。エディプスは自ら父親を殺さずにすんだことに安堵する間もなく、実はポリュボス王が実の父親ではなく、自分がテーベとの国境で拾われた子であることを知る。徐々に不吉な真実が予期され、イオカステは真相を知ることを恐れ、やめさせようとするが、オイディプスはあくまで真実を明らかにしようとする。

そこに現れた牧人の老人はライオスが殺された場所から逃げ帰った者であると同時に、実は赤子のオイディプスをキタイロンの山中に捨てた牧人その人であった。その老人から真実を知ったオイディプスは絶望のあまり、そして、見たくない真実を見てしまったゆえに自らの目を刺し、毅然とした態度でクレオンに国外への追放を求める。それに対し、イオカステは真実の恐ろしさに自ら命を断っている。オイディプスは自殺をすすめる周囲に対し、自殺をしても及ばぬ大きな罪に対し、身を挺して、それを引き受けていく姿勢を表明している。

ソフォクレスの「オイディプス王」はここで終わっているが、その後の話は、さらに「コロヌスのオイディプス」「アンティゴネ」で取りあげられている。

クレオンに追放されたオイディプスは、娘のアンティゴネに引かれて放浪の旅にでる。その後コロノスの国にたどりつく。そこでエウメニデス女神たちの神域において、彼に保護を与えた土地の王テセウスに見守られながら、神秘的な死を遂げる。

その後、テーベの国では、オイディプスの息子のエテオクレスとポリュネイケスが成人するまでクレオンが摂政となり、国を治めた。二人の成人後は協定を結び、二人が一年交替で王位に就くことにした。しかし、エテオクレスは約束を破り、統治期間が過ぎてもポリュネイケスに王位を譲らないで国外に追放してしまう。ポリュネイケスはアルゴスへ亡命し、アドラスト王の婿となり義父の助けを借りて、テーベを攻撃する。テーベの国では、エテオクレスの指揮の下に一致団結し、大戦の末、奇跡的勝利をおさめることができた。しかし、エテオクレスはポリュネイケスとの壮絶な決闘を演じ、刺し違えて二人とも死んでしまう。

クレオンはテーベ側の戦死者を手厚く葬らせる一方で、ポリュネイケスを含む敵の戦死者の死体は戦場に野ざらしのまま、埋葬をすることを禁止し、違反した者は死刑にすると警告を出した。血のつながった兄のポリュネイケスの死体が野ざらしになったままであることに耐えかねて、妹のアンティゴネは死を覚悟して形ばかりの埋葬をほどこす。それが発覚し捕らえられる。クレオンはあくまで法に背いたアンティゴネに対し罰を求めようとするが、アンティゴネは処刑されることを拒否し、自害した。それを知り、クレオンの息子であり、アンティゴネの許婚者であったハイモンも自害した。さらに、ハイモンの死を知った、クレオンの妻、エウリュディケも絶望のあまり自害している。

さらに一〇年後、ふたたびアルゴスの攻撃を受けて、エテオクレスの遺児ラオダマスの指揮下におかれたテーベの国はついに滅ぼされるのである。

以上のように、カドモスによって創られたテーベの国が滅亡にいたるまでの継承の過程をライオスとオイディプスを中心に描写してみた。

3　罪に対する罰について

この話の分析は、さまざまなかたちでなされている。そのなかで、まず注目されるのはこの悲劇の発端が、ライオスがペロプス王の息子クリュシッポスを同性愛の世界に誘惑し死にいたらしめるという罪を犯したことから始まっていることである。この罪に対し、ペプロスは、ライオスが息子に殺されるだろうと呪いをかける。このようにライオスの罪に対し罰が下されたところから、オイディプスの悲劇が始まっている。ライオスに対する罰がオイディプスにとってみれば、避けがたい運命の罪としてのしかかってくるのである。

このようにオイディプスの罪はオイディプス一人の問題として起きてきているのではなく、そこには親との関係、親自身の問題が深く関わってきている。これは、いかなる人間においても避けえない宿命と思われる。しかし、重要なのはその事実を自分自身がいかに認め、受け入れるか、その姿勢によってその受けとめ方は大きく異なり、その個人の可能性の余地があるものと思われる。オイディプスは自らの父親を殺した罪に対して、自らの目を刺し、かつテーベの国から追放されることで、その罪を引き受け罰せられている。ここでのオイディプスは自らの罪に対し、あくまで毅然たる態度で引き受けようとする姿勢がみられる。

さらに罪に対する罰の問題は、オイディプスの娘アンティゴネにも及んでくる。自分の兄であるエテオクレスとポリュネイケスの決闘における両者の死に対し、テーベの統治者としてクレオンは、国の維持を考えてエテオクレスを丁重に埋葬したのに対し、ポリュネイケスは謀反人として野ざらしのまま、ほっておくように命令を出し、違反した者は死刑にするとした。アンティゴネはポリュネイケスに形ばかりの埋葬を施すかたちで、命令に背く罪を犯し、投獄され、死刑にされる前に、自ら命を断っている。

4　オイディプスの自己確立とその後

ここでは、まず父から子、子からその娘へと親子三代にわたって罪とそれに対する罪のあり方をみてみた。しかし、それぞれの取り組む姿勢には大きな違いがある。ライオスの場合は、あくまで個人的欲望において罪を犯しつつ、その罪に対し自ら償い、あるいは罰を受ける態勢がまったくないままに、あるいは知らないままに、殺されている。ライオスには、自分の罪を引き受けることが、まだ意識化できないまま殺されてしまったといえる。つまりはライオス自身、そこに自分自身の行為に対する責任を負おうとする姿勢が欠如している。

それに対し、オイディプスは、自らの罪は意識的に犯したのではないにしろ、その罪を意識し自覚的に引き受けていく姿勢がある。イオカステが、真相を知ることを避けようと促すのに対し、あくまで真実を追求し見極めようとする姿がある。つまり、一般的に、われわれは真実を知ったオイディプス王に、運命に翻弄された悲劇の主人公を見がちであるが、実際は決してそうではなく、オイディプスはその真実を直視し引き受けていく強さをもった者といえる。イオカステは真実を直視することに耐えず、自ら死を選んでいる。しかし、オイディプスのあり方は、あくまで運命を直視し引き受けていこうとする意志の強さを示している。

B・ベッテルハイム（一九八三）は、この点について、エディプス的状況、エディプス・コンプレックスにおいて最も重要なことは、我々の幼児的欲望の深い葛藤の中に投影された悲劇的運命だけではなく、むしろ困難な努力によって自己発見や達成感を得ることでそれらの葛藤を解決していく要求があることを指摘している。このように自らの運命に対し外面的にはその流れを変えられずとも、あくまで内面的には主体的な存在として直面化していく姿勢の中に個人として、独立したいわゆる自己の確立した姿があると考えられる。特に、オイディプスの最後の神秘的な死は、まさに神に召された人間としての完成された一つの理想的な姿を描いているといえる。

オイディプスは個人としては完成された姿を示しているが、息子や娘たちへの継承性という観点からみると、そこに限界がみえている。息子二人が互いに殺しあうという悲劇的行為をなしているのに、オイディプスは何ら教え、導こうともしていない。ある意味では、独立した他者として遇しているともいえる。

それに対し、アンティゴネは、その受けとめ方が異なっている。アンティゴネの場合は女性であり、最後までオイディプスに従っていた最愛の娘である。アンティゴネは身内の者に強い愛情と絆をもっている。それゆえ、国家の法よりも身内の情を重んじ、法を破り、その罰として投獄され、結局死刑される前に自決している。クレオンもこの法の裁きにおいては迷っており、予言者の忠告で罰するのを思いとどまろうとするが、時すでに遅く、アンティゴネは死んだ後であった。クレオンも法に従うことで自らの子や妻を失う悲劇に直面している。これも今日的には大きな課題であろう。アンティゴネのあり方は、個としての自己の確立とは対照的な、たとえ法はどうであろうとも血のつながりのある兄を愛する気持ちが働いていたと考えられる。それは個人としてのあり方を超えた自己犠牲の姿を示しており、罪はつねに罰せられるべきという法＝父親的権威を拠りどころとしているあり方とは異なる、一つの原理を示しているようにも思われる。それは、オイディプスでは欠如している、まさに継承性という課題についての個の確立を超えたあり方を暗示していると思われる。

しかし、アンティゴネが最後に自殺していることは、結局は存在できずに法の原理によって押し潰されてしまったといえる。そこに、先の章で述べた阿闍世の物語とオイディプスの物語の大きな違いが浮かびあがってくるように思われる。

5　阿闍世の物語と継承性

この問題を考える意味で、先の章で取りあげた阿闍世王の話と比較して検討したいと思う。阿闍世王の物語は、古沢平作によって罪悪感の観点からエディプス・コンプレックスとの対比において論じられている。エディプス・コンプレックスがあくまで罪に対し、罰せられるのではないかという罪悪感を呼び覚ますのに対し、阿闍世の場合、自分の犯した罪が許されることによって、心からすまないとわきおこってくるところの罪悪感であり、これを阿闍世コンプレックスと名づけている。ここで注目したいのは、古沢が、この罪悪感が父親との関係よりもむしろ母親との関わりを中心に考えていたことである。オイディプスの母のイオカステがオイディプスにとってあくまで一人の女性と存在しているのに対し、阿闍世にとっての韋提希はあくまで母であり、その母が一人の女として父親を助けたことに対し、阿闍世の怨みが表出されることになる。この母親の裏切りとそれに対する怨みが阿闍世コンプレックスの中心の主題と考えられ、日本人の心理的問題においては母親との関係が中心問題になることが多い。小此木啓吾はこの問題を日本人論的な観点から、①理想化された母への一体化＝甘えの世界、②母による裏切り＝怨み、③怨みを超えた許しあいの世界、という三つの心理的構成要素からなる心理複合体としてまとめている。そのような点をふまえつつ、ここでは、阿闍世の自己の確立という観点から、それをオイディプスとの比較において、考えてみたい。

阿闍世の物語においても、前章で述べたように、オイディプスと同じように父親の仙人殺しという罪を背負わされるかたちで誕生してきており、将来父王を殺すであろうと予言を受けている点では共通している。しかし、父親の頻婆娑羅は、韋提希夫人が高楼から産み落とした阿闍世が小指を一本折っただけで死ななかったのを、その後、成人するまで育てている。ライオスがオイディプスを殺すように命じ、実際には生きのびていたのであるが、そのことをまったく知らなかったのに対し、頻婆娑羅は将来自分を殺すかもしれない阿闍世を手元において育てている。これは、明確な決断をせずに物事をあいまいさの中においておく姿勢として理解できるようにもみえる。しかし、さらに深読みをすれば、この段階での頻婆娑羅の姿勢の中に、すでにその後自分を殺し、その罪悪感に悩み病気になり苦しみ悶えている阿闍世に救いの手を差し出す姿を暗示していると考えることもできる。

阿闍世にしても、その父親殺しは、オイディプスの場合が無意識的に行われたのに対し、あくまで父親と知ったうえで殺している。これは、オイディプスの話と大きく異なる点である。オイディプスにしてみれば、あくまで真実を直視し、その責任を自ら引きうけていこうとする個として独立した姿勢をそこからうかがうことができる。それに対し阿闍世にとってその真実とは自明のことである。その時、その先にあるのは、もはや阿闍世個人の力ではどうにもならないものであり、そこに釈迦の許しと救いの世界が存在している。それは、個人としての自己の確立よりも、その先に個を超えた自然の一部としての人間の営みのあり方を見いだそうとしているように思われる。しかし、これは一歩誤ると自己の行為の責任をすべて超えたものに帰そうとする無責任極まりない問題に陥る危険性も含んでいる。阿闍世は父親の頻婆娑羅の導きで救われている。自分を殺した息子に対し、その罪を許し救いの道を指し示している頻婆娑羅の姿には、そのような人の営みの大きな原則が見いだされるように思われる。それは、一つには、人の営みの目的として自己の確立に対するものとして、いかに自分の営みを次なる世代に継承できるかという主題かと思われる。そこにはすべての罪に対し罰を課すあり方から、それを許す関わりが生まれてくるのではないだろうか。阿闍世の得た悟りの中には、自らの罪が許されたところからくるそのような個を超えた継承性を含んだ自己のあり方が示されているように考えられる。それは父親である頻婆娑羅の行為によって明らかに示されている。

6　自己の確立と今日的な課題

ここではオイディプス王と阿闍世王の自己の確立の過程をその物語を中心に比較してみてきたが、文化的比較の観点は避けて、あくまで個人的・心理的な成長の過程を中心にその違いを検討した。そこでは、あくまで個としての独立した自己の確立をめざすオイディプスと、個としてより、人と人のつながりの継承性のあり方に重心をおき、そこを中心として自己の位置づけを悟る自己の確立の仕方を示していうる阿闍世のあり方が明らかとなった。そして、この問題は、現代の日本社会における共通の課題として見いだせる点があるように思われる。

一つには、女性の自己の確立の問題である。自分自身の社会的活動を犠牲にして、夫のため子供のために生きるという価値観が弱まり、子孫を育てるという継承性をその生きる支えとする生き方が大きく揺らいでおり、いかに一人の女性として人間として独立した自己を確立していくかが、大きな社会問題となっている。このように社会が豊かになり、個人の自由度が増せばますほどよりそのような女性の意識が高まってきたと考えられる。これらの背景に、母性を獲得することへの大きな問題と、母親自身の自らの母親との問題が大きな課題として注目されうる可能性を秘めている。

一方で、例えば環境破壊が大きな社会問題となり、自然保護が叫ばれている。その背景を考えてみると、この地球の自然を次の世代にいかに継承していくかという考えが大きな支柱になっていると思われる。このように継承性も大きな問題として見なおされている面もある。

このようにオイディプスと阿闍世の物語の示す自己確立のあり方は、錯綜したかたちで今日われわれが現実的にも直面させられており、単純な二者選択ができない状況になっている。しかし、二つのあり方を明確に自覚しておくことは、現代という、価値観が多様化・複雑化した社会でわれわれが自己を確立していくうえで重要な指針となるように思われる。

文献

ヴェルナン、J・P、吉田敦彦　一九七八『プロメテウスとオイディプス』みすず書房
小此木啓吾　一九七九「阿闍世コンプレックスからみた日本的対象関係」『現代のエスプリ』一四八号、至文堂。
佐藤春夫、石田充文　一九五七『観無量寿経』法蔵館。
永井　撤　一九八四「阿闍世コンプレックス――母子関係の深層にひそむ未生怨と破壊衝動」『日本人の深層分析Ⅰ　母親の深層』有斐閣。
古沢平作　一九七九「罪悪意識の二種――アジャセ・コンプレックス」『現代のエスプリ』一四八号　至文堂
フロイド、S　一九六九『愛情の心理学』高橋義孝訳、日本教文社。

Bettelheim, B. 1985. Freud and Man's Soul Fontana Paperback.

解題

この論文では、オイディプスの物語と阿闍世の物語をそれぞれの自己確立の過程を中心として論じているが、今日的な臨床実践でむしろ気になるのは、それぞれの物語の母親としての韋提希夫人とイオカステの比較にあるのかもしれない。夫の寵愛が失われることを恐れた韋提希は、最初は一人の女性としての欲をもって描かれているが、阿闍世の父親への反逆行為の後には、母親として対応する姿が提示されている。つまりは、この修羅場を経て、阿闍世が変わったように、韋提希も確かに変化が起きている。それに対し、オイディプスの物語における母親であり、かつ息子を夫として子どもまで産んだイオカステは、自分の行為を明らかにし、その罪を引き受けることはまったくなく、ただ回避するかたちで自らの命を絶っている。最近では日本においても、このようなイオカステ的な、母親になりえない母親が増えているように思えてならない。このような話が神話や物語を超えて、実際の母親による犯罪的な事件として起こってくるように、日本の社会も変容してきたようである。

もう一つの点として気になるのは、最近日本でもよくいわれている自己責任ということである。すべて契約にもとづいた明文化した法を拠りどころとしたあり方に対し、阿闍世的な姿勢では、その責任の所在をあいまいにして許してしまうという弊害を示しており、それは契約社会では、理解の得られない態度になってきている。それは日本の社会システムのいたるところで問題として取りあげられている。しかし、規則のみで成立する社会は、その継続性ということを考えた時、それはオイディプスの物語のような閉塞的な行き詰まりにいたる危険性もあるかもしれない。あいまいな物事を決定せずに、将来自分を殺すかもしれない息子であることを知りながら、阿闍世を手元においておくという姿勢には、もう一つのあり方を提示している面もあるのではなかと思われる。

オイディプスの物語にしても阿闍世の物語にしても古くから語り継がれてきた物語は、それぞれの生きている時代のこころの問題を映し出す素材として普遍性をもっていることを改めて感じている。筆者が初めて阿闍世やオイディプスの物語を知った二〇代の頃から、この三〇年近くの間に日本の家族関係も大きく変容してきているが、今日的な課題や、その方向性を理解する手がかりを、今でも与えてくれるように思われる。

第三章　母親と子どもの物語

1　はじめに

子どもの問題で相談を受け入れる場合、親担当と子ども担当に分かれて心理療法を実践する場合が一般的である。筆者の場合も最初の職場が教育相談であったために、初めてのケースからそのような形で担当した。子ども担当者はプレイルームで子どもといっしょにプレイセラピーを実践し、親担当者は母親に主に現実的な問題や対応について相談を受ける。その内容には家族の不満、特に夫婦の問題を語る場合が多くある。さらに母親自身の生育歴にかかわる自らの問題にふれざるをえない場合もある。子どもの問題で相談に来ている母親に、どこまで母親自身の問題として引き受け対応していけるのか。それは「お母さん自身の問題として新たに相談してください」と割り切って言えない場合も多々ある。

かつて筆者は、まだ臨床を始めた駆け出しの頃、「日本人の深層分析」（有斐閣）の第一巻『母親の深層』（一九八四）の中で「阿闍世コンプレックス」について書いたことがある。その中で古沢の「罪悪意識の二種―阿闍世コンプレックス」（一九三一）と小此木による「阿闍世コンプレックスからみた日本的対象関係」（一九七九）を下敷きにして、石田充之（一九五七）が述べている観無量寿経における阿闍世物語と親鸞の教行信証の涅槃経の話を含めながら、阿闍世の物語をまとめ、自分がその頃抱えていたケースを取りあげながら論じたことがある。不登校の高校二年生の男子と母親との関係について取りあげた。教育相談で、親子面接をしているなかで、母への怨みの問題と同時に、そのように子どもに怨みを向けられる母親自身のあり方を、つたないながらも母の子としての阿闍世と母としての韋提希夫人という二つの点から論じた。その中で母として人生の後半にいたった韋提希夫人における救いがいかなるものか、心理療法を始めたばかりの筆者には、まだ何も言えないと、最後のまとめに書いた。

今回、「神話と心理療法」というテーマで、まず筆者の頭に浮かんだのはこの阿闍世の物語であった。

今回、小此木・北山編の『阿闍世コンプレックス』（二〇〇一）を読んで、当時の疑問に答える視点の示唆を示す韋提希夫人の救いの物語が昨年（二〇〇三年）亡くなられた小此木先生によって論じられており、興味深く読んだ。かつて、筆者の論文に思いがけない感想とコメントをいただいたことを思い出したりもした。

橋本やよいは、その著書『母親の心理療法』（二〇〇〇）において、子どもの問題で相談に来る母親の面接について「子どもの行動を語ることによって、内奥に共通のイメージを喚起され、そのイメージを媒介として、内奥に封印されていた自分の問題を他者に語り、現実の物語として生きることができるようになる。その事が母親にとって癒しのプロセスとなるのではないか」と従来の紋切り型の二分割された母親面接のあり方に新しい視点を提起している。これは、筆者にとっても常日頃から、母親面接をしながら思っていたものをうまく言語化してくれたように思われた。

ただここ数年、心理相談室に来る来訪者のなかに、母親が自らの問題で医療機関に通院しつつ、子どもの問題で相談してくるケースが増えている。子どもの問題に自らの問題を託すなどという奥ゆかしいものではなく、明らかに自らの問題ゆえに、子どもに対応できなくなっていることに対し、どうしたらいいのですかと訴えてきている。しかし、そのような訴えのなかに子どもに自らを重ねていることは確かにある。

今後ますます増えることが予想されるこのような問題について、どのような対応が可能だろうか。部分的には落ち着いたものの、母親自身の問題に関しては不完全なまま中断したケースを取りあげ、母親の許しと救いについて考えてみたい。

2　Tさんの事例から

来談までの経過

相談室に、ある病院から紹介されたTさんが初めて来たのは、ある年の七月のことである。四年前に長女のAちゃんを産んでから、かわいく思えずカウンセリングを受けていた。カウンセラーには、

「二人めの子どもを産めば変わるわよ」と言われている。二年前の七月に次子を切迫早産で出産してから抑えていた感情が爆発し、不安定で落ち着いていられなくなる。ご主人の仕事がうまくいかなかったことも重なり、夫への攻撃や自殺未遂などの行動化が起きてくる。神経科のクリニックで境界例という診断を受け通院する。しかし、まったく変化なく、不安定さと子どもへの暴力もエスカレートし、自分でも我慢できなくなり、翌年五月に、精神科に入院している。その間、Aちゃんは、夫側の母親とTさんの母親が面倒を見ていてくれた。弟のほうは手が掛かるので乳児院に入れている。その年の一一月にはだいぶ落ちついたので退院し、Aちゃんだけ引き取って、弟のほうは初めて相談してきた年の三月まで乳児院に預けていた。四月に弟が戻ってきてから、子育てで混乱を極め、心理治療を望むが、主治医からは精神療法の場合、高額の治療代がかかると言われ、紹介されてくる。

以上のような構造の中で、Tさん自身の問題にどの程度対応できるかと思いつつ、あくまでAちゃんに対する支援という視点から関わろうと考えていた。主治医とは継続的な治療は続けているが、精神療法的な関わりは経済的な問題から断念している。それが意味する関係のもち方は、今後ここで親面接という形にしろ、関わるうえで影響すると思われた。このような状況でTさんとAちゃんの心理治療は始まったのである。とりあえずはTさんのみに来てもらい、全体を把握したうえで、Aちゃんに来てもらうことにする。(以下、「　」内はクライエントの、(　)内は治療者の言葉を示す。)

初回の面接から

「今、お金の問題を抱えていて、お金のかからないところで相談したいと思いまして」と最初から厚かましく感じられる言葉を投げかけている。こちらでは子どもの相談を受けつけていることを説明したうえで、話を始めている。子育てにふりまわされて混乱しているというわりには、化粧も着ているもののセンスも良い。

Aちゃんが生まれた時から可愛く思えなかったという話から、今までの経過を語りつつ、自らの生育史についても語っている。

父親は東アジアのある国の出身であるが、母親は日本人である。日本で生まれたが、その後父親の祖国に渡り八歳までは海外で育ったという。日本に戻ってからは、両親は喧嘩ばかりしていて、父親とは別居状態で、母親と二人であった。

両親はTさんが中学二年の時に離婚している。母親は貿易関係の仕事をしている。Tさんも高校を出るとバイトをしながら、海外に行くボランティア活動を二年ほどしていたという。それからデザイナー養成の専門学校に入り、卒業後、デザイン会社に入っている。色彩感覚がユニークと言われ、認められた。その後、独立して仕事をしている。その頃は楽しかったという。二八歳の時、仕事の一区切りの意味を込めて個展を開いている。それが終わったら、お金も貯まったので、仕事を休んで一〜二年ヨーロッパに留学しようと思っていた。しかし、その時、個展を見にきた夫と出会うことになる。同じデザイン関係の仕事をしており、意気投合し、そのままつき合いはじめる。Tさんは、当時ほかにつき合っている人がいて、ご主人には別居中の奥さんがいたという。困難な状況のなか、二人は一気に盛りあがり、同棲を始める。夫はデザイン事務所をやっており、いっしょに仕事を手伝っていた。そのころ夫は不眠や過呼吸などの症状があり、彼女が献身的に看病したという。出会って半年で結婚し、しばらくは順調であった。しかし、夫の会社が倒産し、子どもの誕生と子育てが重なることになる。Tさんの留学しようと貯めていた貯金もすべて使い、さらにTさんの母親にも借金を頼むが、夫がまったく感謝の素振りもみせないことが、Tさんには不満であった。現在はある企業に勤めながら借金の返済をしており、そのため面接のお金が払えないと、語っている。

とりあえず、さまざまな問題が重なっており、筆者が現実的な子どもと関わるTさんを支えるにしても、Tさん自身のことも相当に扱わざるをえないと考えていた。

第2回目：自らの問題の訴え

「病院に行ったら、こちらにわたしてくれと言われました」と、心理テストの結果を持ってくる。ロールシャッハの結果は境界例水準との説明であった。子育てはお手上げ状態で、何もできない状態であるという。子育てを助けてもらうために母親の住んでいる所の近くに部屋を借りようと思っているという。保育園で夏祭りの行事の準備をしている時、Aちゃんがぐずったので、カーッとなり、みんなのいる前で蹴りを入れてしまった。園長先生に諭されたが、自分でもまずいことをしたな、と後で少し落ちこんだという。今の生活から脱皮したいのに何もできない。経済的には、どうにかやれているが、借金返済がきつい。自分の仕事も、技術はあってもお金に結びつく仕事はない。以前まだ二人目の子ができる前に、知り合いの画廊の人が個展を開こうと言ってくれた時があった。しかし、A

の世話で思うように作品が出来ずに、結局ドタキャンをしたという。「それから信用をなくし、仕事もまったく来なくなった。Aを産む時も迷った。仕事がこれからできなくなると思った。この子さえいなければもっと仕事ができたのにと思うと、Aに対し、かわいいと思う気持ちになれなかった」と語っている。もともとAを産んだのも、その前にいちど中絶したことがあり、今度すればもう子どもを産めなくなると医者に言われたからであるという。

阿闍世の母は、夫からの愛がうすれるのを恐れるという自らのエゴで子どもを産んだのであるが、Tさんにとっては母親になることには躊躇があった。しかし、その可能性を逸してしまうことにも迷いがあり、中途半端のままの出産であった。それゆえに、子どものために自らの活動が制約されることに納得できない気持ちを感じていたという。しかし、そう思うことに対する後ろめたさや罪悪感を感じているところはまったくなかった。それは単なる未成熟という言葉で片づけることのできない問題を感じさせた。

Tさんは「自分は境界例で幼児期の母子関係に問題があると主治医に言われたが、子どもを生んでから、おかしくなった。その前は結構順調に問題もなくやってきたように思う」と語っている。実際、社会的にはかなり認められる仕事をしてきた。治療者のほうで（子どもさんの世話をしていて、ご自身の子ども時代を思い出される面はありませんか？）と問うと「私の場合、八歳までは父の祖国で育った。今の娘と同じ四歳の頃の記憶はほとんどない。その国では日本人とみられていた。こっちに来てからは、最初は日本語がよくわからずに、作文なども母親に直してもらって提出していた」という。内省的に自らのあり方を語っているところもみられたが、現実的な対応での混乱が大きそうであった。とりあえずもう一度母親に来てもらい、それから子どもの治療を始めようと考えていた。

第3回目：祖母の前での混乱

家事全般がほとんどできない状況であり、子どもに当たることが多く、祖母にAちゃんを預かってもらうことが続いている。さすがにその対応にあきれ、祖母も知り合いの友人と一緒に、Aちゃんが熱を出したのをきっかけにTさんを呼び出し、二人で母親としての自覚をもつように厳しく説教したらしい。それに対しTさんは、混乱し、包丁を持ちだして、自分自身を傷つけようとする行動化をみせている。祖母も相当に驚いている。Tさん自身、「母親の前でこんな混乱した自分を見せたのは初めてでした」と語っている。今までは祖母の前では良い娘としてふるまっていたらしい。「これから先、自分が何をするかわからないから、不安だ。イライラしたら子どもに何をするかわからないので、母親の家の近くにアパートを借りて住もうかとも思う。子どもたちもおばあちゃんが居たほうが安心だと思う」と退行した心理状態がみられた。さらに「母親は、私に対し、しっかり面倒を見て育てたのに、どうしてあなたはできないのと言うが、自分としてはけっこう不安や不満もあった。ただ母親はいつも冷静で感情的なところはなかった。私がすぐにカーッとなるのは父親に似ているのかなと思っていた。自分の中には父の祖国の土地や空気が合うところがある」とその国に対する肯定的な面を語っている。デザインの仕事をやって評価された時も、アジア的な色彩感覚が認められていたという。さらに、子どもの頃よく見た夢として「らせん階段を転げ落ちて、底のない暗闇に落っこちていく」という内容を語っている。基盤のない不安の深さを感じさせる夢であった。

Tさんと A ちゃんの問題は、確実にTさんと祖母の問題として顕在化してきているように思われた。しかし、Tさんが A ちゃんに対する問題に自らの母親との問題を自覚したとき、この幼い時にくり返し見た夢のらせん階段を転げ落ちるという恐怖体験から、どのような救いの道が開けてくるのか。これは生半可に関われない、下手をすればこちらも底のない暗闇に一緒に落ちる危険すらあるかもという思いも感じている。

第4回目：子どもと一緒に来る

今回初めて A ちゃんが母親といっしょに来談してくる。下の子が熱を出して二人とも保育園を休んでいる。ずーっと一日いっしょにいると耐えられなくなり、A ちゃんを昨日祖母に預けて、今日ここに来る途中で引き取ってきた。しかし、A ちゃんがおばあちゃんと離れるのをいやがり泣いて大変であったという。A ちゃんはここに来るまではほとんどぶすーっと口も開かずにいた。祖母は先週のTさんの反応を見て心配しており、子育てについてできる限り手伝うと言っている。今の住居は公営住宅で家賃も安いので、そのままにして、平日はTさんと子どもだけは祖母の家の近くにアパートを借りて住もうかという話になっているという。治療者は、ご主人としっかり話しあってからのほうがいいのでは、と話しあうことを進めている。この話はTさん自身が母親からの世話を求めていることの行動化のように思われた。しかし、そうなった場合、夫との関係は相当に険悪になる可能性が予想され、その覚悟があるのかどうか確かめている。

＊

Aちゃんは、Tさんの「一人で遊んでいられる。大丈夫?」という言葉をまったく無視してプレイルームに入っている。部屋の中では、治療者との自己紹介をした後、シルバニアのおもちゃの人形の家を用いて、そこに赤ちゃん人形二つとお父さん人形、お母さん人形を出して、それぞれをベッドに寝かす遊びをしている。そして、箱庭用のサメのおもちゃを取り出すと、家の二階に近づけて「赤ちゃん、食べられちゃうの」と言っている。さらに家の裏口の戸が空いているのを見て、「ここから幽霊が入ってくるの」と語っている。

初回にAちゃんの表現してくれた世界には、家族全員がゆっくり休める家を作っている。これは、この家族の切実な願いのように思われた。なかなかゆっくり安心できない赤ちゃんを食べてしまうサメの登場や幽霊の侵入は、まさにTさんがくり返し見たという夢のらせん階段から底のない暗闇に落ちていく不安と共通する不安な世界を表現しているようにも思われた。ただAちゃんの場合には、現実的な逃げ場としての祖母の存在に、どこか守りの場になりうる可能性があるように思われた。

第5回目:穏やかなひととき

今週はご主人が夏休みで家に居てくれたので、比較的落ち着いていられたという。「夫は休みの時は、子どもが可愛いらしく関わってくれた。しかし、仕事が始まると、帰りも遅くまったく家に寄りつかない。アパートを借りる件は、当てにしていたところがダメになり、また探している。別居のこと、夫は、平日は向こうの母親に来てもらうからいいと言っている。夫と母との関係は非常に悪いです」と言う。さらに母は、このところすごく心配してくれており、Aちゃんの面倒は見ると言っている。ここに相談に来ることも認めており、今度一度相談に行きたいと言っている。そう語りながら、Aちゃんにはどういう問題があるかきいてくる。毎週連れてくるのはきついので隔週にしてほしいとも言っている。

＊

Aちゃんはレゴブロックで病院を作っていた。

第6回目：祖母の登場による母との直面化

祖母が登場してくる。小柄でキリッとしており、Tさんとはまったくタイプの異なる人であった。「母は一人で話したいと言っていましたが」とTさんは言うが、治療者は三人で話しましょうと伝え、二人とも面接室に入ってもらう。祖母はTさんとAちゃんの関係の悪さに非常に困っているという。「どうしてこんなに関係が悪いのか。ここ三カ月ぐらい。Tにも問題があるが、四歳のAが本当にすさまじい形相でTに対して敵意を顕わにしている。母親にはそういう態度をみせながら、私には、べったり甘えてくる。いつ母親のもとに返されるのかと怯えている。私も仕事があって、外出せねばならないので、だいぶ支障をきたしており困っている。私がTを育てた時は、出かける時はいつも連れていっていた。はっきり何でも相談していた。主人との関係は悪かったが、Tが判断できるまで待って、中学二年で離婚した。その時、Tはほっとしたと言っていた。Tが高校一年のとき、一カ月ほど仕事で海外に行ったが、その時だってTは一人で犬の世話もしっかりやっていた。近所の人に頼んでいたが、本当にしっかりしていましたと誉められた」と言う。Tさんがおかしくなったのは、結婚してからであり、「あの夫が頼りにならないから」とTさんの夫への悪口を相当に感情的に語っている。隣りで母親の語るのを聞いているTさんは、今まで苦しさを訴えていた姿とはまったく異なる思春期のおとなしい娘のようであった。

この面接は、筆者にとって印象的であった。Tさんの世界からみると、Aちゃんは、本来Tさんが祖母（母）に対して向けたい願望（甘え）を、ストレートに表現しているのではないかと思われた。Tさんをきちんと育てたことを強調する祖母の姿に、どこか無意識的には母親である自分に対するTさんの甘えを感じて、苛立っているように思われた。

（Tさんはお母さんのおっしゃることにどう思われますか？）と問うが、まったく何も答えず、治療者と母親にお任せしているという感じで座っていた。

治療者が、祖母に（また気になることがあったらおいでになって話してくれませんか）と言うと、「もういいです」とはっきり断ってくる。この祖母とTさんの関係を見直していくことの難しさが感じられた。しかし、Aちゃんにとって祖母との関係は、全面的に受容してくれる安全な場として機能しているように思われた。

＊

この回Aちゃんは病院を作り、ベッドに赤ちゃんを寝かせ、お医者さんが登場し、赤ちゃんを診察する遊びをしている。まさに癒しをプレイのなかで演じていたのである。これはAちゃん自身の内的世界の赤ちゃんであるとともに、母親自身の求めているところの内なる赤ちゃんの治療という二世代の課題が、面接室とプレイルームで展開していたとも読めた。現実的なAちゃんの立場からすると、母親に対して攻撃性を出しても、守ってもらえる祖母の存在は大きいと思われた。プレイルームの中であってもこのような癒しの場を作れるのは、Aちゃんにとって救いになっていると考えられた。

次の回はTさんの調子が悪いことを理由にキャンセルとなる。電話では、苦しくて薬を大量に飲み、また自殺未遂の騒ぎになった。しかし、どうにか入院せずにやることになったという。やはり祖母との問題はTさんにとって相当に大変であるな、と思われた。「もうここには来ません」と言う祖母の最後の言葉が印象的であった。

第7回目：母親からの回避

一カ月以上空いての来談である。祖母が仕事で一カ月ほど留守にするため、今までのようにAを預かってもらうことができなくなり、ヘルパーの人を頼んでやりくりするようになる。Aが家に戻ってきて三日目であるが、今のところは落ち着いている。これから先が心配である。祖母の感想をきくと、

「カウンセリングは明確に答えを言ってくれないし、曖昧だ」と言っていたとのこと。「どうも上の子とはうまくいかない。相性が悪い。里子にでも出したほうがいいのかと祖母と話している。下の子は可愛いし、しっかりしている。乳児院でもすごく可愛がられていた」と言う。

Tさんの願った、Aちゃんを通じての母親への甘えの再体験は不調なまま終わっている。

＊

Aちゃんは、今回もシルバニアの家を出して、赤ちゃんとお母さん、お父さんをベッドに寝かせる遊びをしている。それぞれのベッドを探してセットし寝かせて休ませている。そして、最後には二人の赤ちゃんにAちゃんと治療者でそれぞれ名前を付けて終わっている。

第8回目：新たな支えを求めて

また調子悪くキャンセルが続き、一カ月半後であった。この頃から祖母が頼れなくなり、年配の方に来てもらい週一で子どもの世話をしてもらっている。「先週主人が休みをとり、会社の保養所に四人で行ってきたが、まったく休めず最悪だった。子どもがぐずり、主人には寄りつかず、家にいるより悪かった」という。ご主人の配慮はまったく無効であったようだ。この頃、Aは祖母の家に行きたいと言わなくなっている。Tさん自身は安定してきたという。「恋をすると調子がいいようです」とさらっと言っている。昔の仕事仲間で、同業者の人と、時々昼間に会っているのだという。治療者に年齢をきいてきて、「だいたい先生と同じくらいです」と言う。そんな話から多彩な男性経験を語っている。「高校時代より、男友だちのほうが多く、音楽をやっている人や真面目な人など、同時に二人の人とつき合っていたこともある。今の主人とは、知り合って半年で結婚したが、すごく頼られ、私がいないと生きていけないようなことを言われ、押し切られたところもあった。結婚後、主人は安定し、逆に私のほうが不安定になった」という。

祖母がAちゃんの世話から、少し手を引いたところから、Tさんの男性関係の問題が語られてきており、どうも難しい状況になりそうであった。この同僚との関係は、治療者も影響しているようにも感じられた。Tさんの人との関わり方が当事者として感じられている。

＊

前回の赤ちゃんが双子の女の子に成長している。またベッドに寝かせている。お父さんとお母さんのベッドが一つしかなく、どうしたものかと悩んでいる。子どもたちのベッドの置き場にもいろいろ悩みながらも母親がすぐ来てくれるところに置くことで安心している。その後は家族の食事場面をその人形たちで演じて遊んでいる。

Aちゃんの描く世界とTさんの語っている世界がだいぶ離れてきているような気がしている。祖母の存在が二人を結ぶ一つの鍵のようにも思えていたが、その存在が少し後退することで、なかなか親子の接点を見いだし難くなっているようにも思われた。

第9回目：子どもへの対応回避を訴える

Aちゃんは落ち着いているが、いつTさんがいなくなるのではと心配している。「主人にAを里子にどうかという話をしたら、怒って夜中に家から追い出された。主人の母にも入ってもらい、話をしたら、私が大変だということを少しはわかってくれた」という。それで、「友人がいる田舎に行って少し休んだら？」という話になる。下の子は手がかからないので、Aだけ置いて、夫の母親にその間、面倒をみてもらうことになっているという。治療者は、（今ようやくAちゃんとTさんの関係がよくなってきたのに、この段階で、Aちゃんだけ置いていくのはよくないと思う。もし行くならAちゃんも連れていってください。一時的に休めても帰ってきた後のAちゃんとの関係を考えれば、今よりもっと手がかかるようになっているのは目に見えていますから）と説得している。

＊

Aちゃんは子どもたちの入院する病院を作り、ベッドに子どもを寝かしている。多くの子どものためのベッドが足りないことをいろいろ工面している。さらに火事になった時に安全に逃げられるように、非常用の階段をつけたりもしていた。

Tさんの状態を考えると、Aちゃんのプレイでの内容は現実に対する素直な気持ちの表現に思えている。しかし、Aちゃんのこの思いはなかなか今のTさんには伝わらないようにも思えた。

第10回目：社会復帰に活路を求めて

結局、田舎に行く話は、Tさんの体調が悪くキャンセルになる。家の中でのAちゃんとの関係に変化はないが、ある知り合いの紹介で、週二回ほどデザイン事務所でパートとして働くことになったという。それが転機になればとは思っているが、個人的な男友だちとの関係は深まっている。くれぐれも現実的状況をわきまえることも忘れないようにと釘をさしているが、夫婦関係維持が難しくなるのではと危惧された。

＊

Aちゃんは、治療者と二人で料理をして、いろんな食べ物を作りいっしょに食べる遊びをしている。

第11回目：夫婦問題の顕在化

一ヵ月後の年明けに現れる。やはり前回の危惧は、現実的になってくる。先週の日曜日、仕事を始めている。「これがうまく行けば、将来にもつながるのでは」と語りつつ、先週の日曜日、ご主人が寝ているところに子どもが遊びに行き、泣いて戻ってきたので、Tさんも切れて夫に食ってかかったという。そうしたらご主人もカーッとなり暴力を振るってくる。それに対しTさんも隣近所に聞こえるくらいまくしたてたという。夫の暴力に対して、Aちゃんが間に入ってTさんを守ってくれようとしたという。その翌日に母親のところへ行き、ご主人とは、その後、顔も合わせていないという。「もう行くべきところまで行かないとダメかなと思う」と言っている。治療者は（今は勢いで進んでいるような気がする。できたら、やはりご主人とも冷静に話すことも大事では。子どもたちのこともあるわけですから）と言っている。

＊

Aちゃんは箱庭を置いている。森に動物たちやピーターパンと数名の人を置いている。その後、終了間際に、ゴリラ、サメ、恐竜、ヘビを治療者に向けて床において、噛みついてくるような遊びをしている。

Aちゃんを取り囲む現実的環境は、安定した場を維持していくことがなかなか難しいのかなと思う。プレイルームはAちゃんにとって安心できる場所になっているが、現実世界の厳しさをみせているように思われた。

第12回目：家族の直面化

二週間後。夫婦間はずっと険悪であったが、知り合いの人に入ってもらい、話しあったという。主人に対し、暴力はよくない、Tさんの行動には病気の影響もあるから、その辺りをふまえたうえで対応してくれと言ってくれたという。「主人はこれからもやっていきたいと言っていたが、自分はもう嫌だと思う。その話し合いの時、子どもを母に預けていたのだけど、母がお父さんいなくていいかとAにきくと、いっしょがいいと言っていた。帰りに主人もいっしょに迎えにいくとAはとてもうれしそうだった。これはショックだった。そうだとするとやはり私は一人で行くしかないのかな、と思った。今すぐ、どうにかするつもりはないが」と言う。さらに、「パートで仕事を始めたが、今はみんなパソコンで描くようになっており、自分がやっていた頃とまったく変わってしまい、仕事も難しいところがある」と言う。Aちゃんの素直な気持ちは、やはりTさんには届きにくいようであった。

＊

シルバニアの家族は、お姉ちゃんと赤ちゃん、それからお母さんが登場している。赤ちゃんを寝かせ、姉も寝かせようとするが、姉は寝ないで、お母さんをベッドで寝かせる遊びが展開している

現実に近い内容が遊びで表現されているようだった。このようなAちゃんの気持ちは、どのようにお母さんに届くのか。なかなか難しいと思われた。

第13回目：新しい活路を求めて

一カ月後になる。面接の始まる前、だいぶ早く来て、カウンセリングルームのある大学の校庭の日当たりのよいベンチで、お昼を食べている親子を見かけている。挨拶を交わしつつ、楽しそうに二人で仲良くご飯を食べている姿に、ほほえましい母子の姿を見たようにも思った。

ところが面接室に入ると、「あれから主治医にも主人にあってもらい、多少は主人の態度が変わったが、私としてはもう別れた先のことばかり考えている」と言う。「つき合っていた四〇代後半の男性は、向こうから避けてきて、もう連絡とっていない」と言う。今度は別の三〇代の人と、割り切っ

てつき合っているらしい。この人とはこれ以上深くつき合う気もないが、彼女としては、経済力のある人がいれば、ご主人と別れて一緒になりたい。それ以外に現状を変えるのは難しい感じがするし、年齢的にも今が最後のチャンスという気がすると語っている。治療者のほうは、(そのような白馬の騎士など現れるはずはないと思います。目の前でできることからやってください。少なくともAちゃんとは、この半年でずいぶん関係がよくなりましたよね。先ほど、外でお会いした時は、本当に仲の良い親子に見えました。ここに最初にいらした頃からは、想像ができないほど良くなっていますよ。変わってきていると思いますよ。そこをしっかり見てください)と言うが、「そうですか、でも私は変わりません」と言う。(いや、Aちゃんとの関わりは変わりましたよ)と強調しても、Tさんは、不服そうで受けとめかねるようであった。

＊

今回もシルバニアの家族が登場し、赤ちゃん二人とお姉さんが布団を敷いて寝ている。お母さんは大きなベッドで一人寝ている。二段ベッドにお兄さんと犬が寝ている。お父さんは寝ないで朝まで仕事をすると言って、ベランダに机と椅子を置いて座るが、その後屋根裏部屋に移動している。どうもお父さんだけ、仲間はずれになっているようだ。

この回で、その後、母親の体調不良を理由に、来談できなくなり、その後連絡なく中断となる。

この回の治療者の対応は、迷える世界に入っていこうとしているTさんに対し、母親として現実的立場を自覚してもらおうとするものであった。しかしTさんにしてみれば、それは、かなり治療者側の独断であり、もう自分の気持ちをここで訴えてもわかってもらえないと感じたのかもしれない。しかし、Tさんに母親としての自覚がない以上、もうここの場では、治療の継続はできないというのが、治療者の思いであった。Aちゃんにしてみれば、せっかくの居場所が中断されることはまことに残念であった。しかし、筆者としては、この時点で、この構造で関わるのは、これが限界であり、これ以上Tさんとの関係をつなげ、継続することは困難と思われた。今後、何らかのかたちでAちゃんが症状なり問題行動なりを起こせば、また来る可能性があるのではないだろうかと考えていた。それは、Aちゃんが自らと母との関係を自覚する時期であると思われる思春期に、Tさんが直面化を避けた母との問題を問うかたちで起きてくるかもしれない。その時、再度Tさん自身も自らの母親とふたたび直面化するのではないかと考えていた。

3　考　察

Tさんのつまずきは、結婚してAちゃんを出産してから起きてくる。それなりに能力もあり社会的に認められていたTさんであったが、子育てをするなかで、今までの社会的な活動の場を失い、子どもも可愛く思えないところから、問題が起きてくる。もっともそれ以前に、仕事を辞めて新しく海外で再スタートしようと思ったときに、ご主人が登場し、相当の困難の中で結婚したわけであるが、その行動もどこか危うさを予感させるものであった。

二人目の子どもが生まれてから、自ら問題を感じ、どうにも抑えられずに不安が高まり、ご主人に対する依存と攻撃が激しさを増してくる。境界例という診断のもとで、半年間の入院でだいぶ落ち着く。その後退院し、二人の子どもの子育てに直面するが、今度はAちゃんがてこずる態度を示し、Tさんも感情的に叩いたりするために、手がつけられなくなり、祖母に託すことになる。これはTさん自身が母親との問題を自覚するきっかけになったのではないかと思われる。母親にAちゃんを託すことは、どこかで自らの満たされなかった母親との関係を再構築しようとしていた面も考えられる。

二回目の面接の後で、母親の前で初めて混乱した姿を見せたことは、母親との問題をはじめて表現できた出来事であったと考えられる。これは、祖母にも相当のショックを与えたと思われる。夫と別居しても自らの母親の近くに住もうとしたTさんの願いは、母親との関係を再構築しようとした気持ちの表れであろう。Tさん自身が、母親との関係で自ら求めていたものをAちゃんに託して満たそうとしていたと考えられる。

そのような経過のなかで、六回目の面接に祖母が登場することになる。しかし、登場した母親に対し、Tさんはまったくのおとなしい娘となり、母親に対する様々な気持ちに直面化し、表現することはできなかった。自らのTさんに対する子育ての正当性を主張する母親に対し、「お母さんは自らのエゴで私を産んだのではないの？　本当に私の気持ちを考えてくれたことがあるの？　私はもっとお母さんに甘えたかった」という率直な気持ちは、Tさんの意識からはまだ相当に遠いところにあったようである。

Tさんの母親にしてみれば、外国人のご主人と結婚しつつ、うまく行かずに別れ、それでも一人でTさんを育てながら、海外と日本の架け橋の仕事を、女性として信念をもちながら生きてきた。そんな母親にとって、Tさんの状態は相当に気持ちを揺るがすものであったと想像できる。しかし、まだ二人が出会える「時」にはいたっていなかったようである。

しかし、ここでの治療者の対応に、Tさんの母親をも受容する姿勢をとりえなかった限界があったのではないかとも思われる。阿闍世物語で母の韋提希夫人の課題として取りあげた問題は、このケースの中では、孫の問題で来談してきた祖母の課題として継続しているようにも思われた。この母親の迫力というかすごみを筆者自身かなり強く感じていた。どこか無意識的に非難的な目で見ていたのかもしれない。もし、そんな母親の痛みを自覚して対応していたとすれば、「もう来ません」と言われることはなかったかと思われる。そうすれば、母親の存在がTさんにとっても一つの支えとなり、今後の可能性を残したかと思われる。母親も孫の訴えにはどこか動揺を隠せないところがあったように思う。実際、何とかせねばという支えの気持ちは強くもっていた。母親との直面化にかなわぬものを感じたTさんはさまざまな行動化を起こし、母親に求められない支えを男性に求めるかたちで試行錯誤を始めたともいえる。そこに治療者との関係の影響も了解可能ではある。

ここで筆者がTさんとの治療関係を明確にとれば、またここからの展開があったようにも思われる。しかし、あくまでAちゃんの母親面接というところで制限し、指摘したところで中断となった。Tさんは今しばらく迷いの道を続けているのではないかと思う。Tさんを中心とした母と子の三代にわたる物語は、まだ第一章かもしれない。これからAちゃんがTさんを母親として明確に自覚する思春期にいたったときに、この家族の第二章が始まるのかもしれない。しかし、Aちゃんには、毅然としながらも自分を絶対的に受け入れてくれる祖母が存在していた。これはTさんが体験しえなかった、大きな支えの役割を果たしており、Aちゃんにとって救いになっているようにも思われる。最近の親子の問題では、直接的な祖母の役割が大きいと考えられる。

　プレイルームの中でAちゃんが展開した家族の世界は、Tさんが意識しえない自身の願望を描いているようにも思われ、ここに取りあげてみた。これは、あくまでTさんの担当者としての筆者の視点からみたAちゃんの描く家族の世界であり、Aちゃんの担当者との間では異なる文脈での展開があることは当然である。しかし、Aちゃんが必死に描いている家族の物語は、Tさんにとっては、自分の生きる物語となりえないものがあったようである。Tさんが家族を生きる可能性を、このAちゃんの描く世界との接点、つまりは相談に来ることをとおしてつなげられないものかと筆者自身思っていた。Tさんが内にかかえている問題とAちゃんがプレイルームで展開する遊びの世界が、どこかで通じあう布置が起こることを願っていたのであるが、それは難しいようであった。

　TさんにとってAちゃんの描く家族が近い存在となりうるのは、幼児期を過ごした父親の祖国と今一度ふれたときのような気がしている。現在でも実の父親とは交流があり、向こうの空気は自分には合うと語っており、半年の入院後、退院し、下の子がまだ乳児院にいた頃、Aちゃんを連れて二人で父親のもとを訪ねる旅行をしている。Tさんにとっては、その国の大地が、これからの支えとして意味を持ってくる時がくるかもしれないと考えている。

　阿闍世も韋提希夫人も釈迦への帰依から、救いの道がひらかれたという。われわれ心理臨床をする者は決して釈迦のような大きな存在ではないが、何かそのような存在に対しひらかれた姿勢をとることは重要かもしれない。高野は、『阿闍世コンプレックス』（二〇〇一）の中で、救急医療の実践者としての体験をもとに、「縁」の存在について指摘している。同じ本の中で横山は、ユング派の視点から、韋提希夫人と阿闍世を救う大いなる存在を、ユング的にいえばすべてを超えた超越的（tanscendental）ものにほかならないといって、さらにそれは、自己治癒力として自己（self）に内包されているものとして述べている。Tさん自身と家族に、形はどうあれ、そのような救いの道がひらかれることを願っている。

文献

石田充之　一九五七『観無量寿経』法蔵館。

小此木啓吾　一九七九「阿闍世コンプレックスから見た日本的対人関係」小此木啓吾編「精神分析・フロイト以後」『現代のエスプリ』一四八号。

小此木啓吾・北山修（編）二〇〇一『阿闍世コンプレックス』創元社。

高野　晶　二〇〇一「未生怨の転移の臨床的側面―ある自殺未遂患者との精神療法より」、小此木啓吾・北山修編『阿闍世コンプレックス』創元社。

永井　撤　一九八四『阿闍世コンプレックスについて――母子関係に潜む未生怨と破壊衝動」、『日本人の深層分析1　母親の深層』第五章、一二七―一四九頁、有斐閣。

橋本やよい　二〇〇〇『母親の心理療法』日本評論社。

古沢平作　二〇〇二「罪悪意識の二種――阿闍世コンプレックス」小此木啓吾・北山修編『阿闍世コンプレックス』創元社。

解題

この事例を読みなおして、やはり筆者がいちばん気になったのは、祖母の問題である。それは母親の問題として第一章で取りあげている事例から、およそ二〇年を経て、筆者自身にとって、今度は祖母の問題として、浮かびあがってきている。母として自己を犠牲にし、周囲に尽くす従来の価値観から脱皮し、一人の自立した女性として生きた人にとって、そのような母親を見ながら育った娘は、自分が子どもを育てる母親になる課題に直面したときに、どうしても母親になりきれない苦しみを訴えて相談に来ている。そこには母親としてよりも女性の生き方を選択した祖母のあり方が確実に子から孫へ引き継がれているという視点でこの問題を読みとることができる。

そのような見方をするようになったのは、すでに長寿社会になっている現代日本の時代的変化とともに、私自身が経験をかさねて年をとってきたことが、ケース理解についての視点を確実に広げてきたようにも思われる。時代や世代が変わっても引き継がれていくものが何であるか、見極めることの重要性を実感として感じている。それは、阿闍世の物語やオイディプスの物語で語られる自己の確立と継承性の課題として、あらためて考えさせられる機会になっているようにも思われる。

第Ⅱ部　クライエントと指導者との関わりから学んだこと

第Ⅱ部は、はじめにでも述べた「わたし」というセラピストが心理臨床の実践のなかで、どのように形成されてきたか、その体験過程について記述したものである。それは、直接的な関わりをもったクライエント、そして指導を受けたスーパーヴァイザー、さらには自分自身が一人のクライエントとして先達の臨床家の指導者との関わりから、どのようなことを学んだのか、一つの事例報告的な「物語」として読んでもらえればと思っている。

心理臨床の実践において、クライエントとの関わりは、どのような関わりにおいても自分自身の課題や問題に直面させられる面がある。それはクライエントの問題や課題、年齢や性別によって、変わってくる。

子どものケースとの関わりでは、同一の立場で自分自身の未解決の葛藤に直接的に問われることはないにしても、その子どもの世界にどこまで降りていくことができるか問われる。ある場合には、子どもとはいえ決してないがしろにできないこちら側の存在そのものを問うてくる時もある。そのような体験は、どのような年齢のクライエントにおいても共通する、普遍性をもった人と人との関わりについての課題を教えてくれるように思われる。

思春期や青年期のクライエントの場合、特にまだ若い初心者は、直接的に自分自身の未解決の課題に直面させられる場面がある。直接的な私という一人の人間のあり方が、クライエントが大人になっていく過程で、一つのモデルとしての役割を担う場合も多くある。それは、まさに現実的な状況の中で、一人のセラピストとして、あるいは個人として自己を形成していく過程で問われる課題に、クライエントが問題を解決していく過程が同時並行的に展開していくことになる。

クライエントにとっては専門家に相談に来ているのに、セラピストがクライエントとの関わりの中でセラピスト自身の課題を解決しようとしているならば、それは専門家として問題ではないかとも思われる。それは問題の程度にもよるかもしれないが、心理臨床は、つねにそのような自分自身が一個人として生きていく過程そのものを手がかりとしてクライエントに関わることに、専門性があると考えられる。そこで重要になってくるのが、その専門性を把握し、維持していくための指導者の役割である。特に初心者にとって、長年の経験をもった指導者が理解し、見守っていてくれることが、そのような心理臨床の専門家としてクライエントとの関係について扱っていくことを可能にしていると思われる。つまりは自らのクライエントとの関係を、指導者と語りあうなかから体験し、意識化することが、対応の仕方を学んでいく手がかりになるのではないだろうか。特にこのような関係を重視するセラピーの場合、スーパーヴィジョンは、ただ客観的なマニュアル的な方法を修得するだけでなく、その関係をとおして、さまざまな体験をしながら学んでいくことになる。

心理療法の関係は、そのような重層的な関係の中で展開していると思われる。そこには、セラピスト側にもさまざまな思いが動いている。これは、クライエントを対象としたケース研究の学術論文とは違った、もう一つの次元、つまりはセラピスト側の事例研究かもしれない。

第四章　子どもとのプレイセラピーで学んだこと

1　はじめに

心理療法を実践するうえで、心的現実というクライエントの内的世界を重視する立場で関わろうとする場合、子どもやおとなという区別なく治療の場で表現されたものは、心の内的世界の表現として理解できるのではないだろうか。実際に遊戯療法の経験がなく、もっぱら言葉による大人の心理療法を実践している人にとっても、遊戯療法の事例の話を聞くだけで確かに啓発されるところは大いにある。

それは、子どものようなピカソのある時期の絵にわれわれが感動し、エンデ（一九七六）の『モモ』に代表される子ども向けに書かれた本を多くのおとなが読むことにも共通しているのではないだろうか。われわれおとなが現実的な外的世界に埋没し、日常生活に追われているうちに忘れてしまっている内的世界に目を向けるきっかけを与えてくれるのかもしれない。

おとなの場合、自らの内的世界について語ろうとする場合、多くが言葉を媒介にして、つまりは自覚的な意識の介在する部分がより多いのに対し、子どもの場合は、より直接的に遊びやイメージで表現する度合いが多いのではないだろうか。筆者自身、心理臨床の実践を子どもの遊戯療法から始めたため、あまり意識することはなかったが、その体験から得られたものは、おとなに対する治療にもかなり役立っているのではないかと思われる。ここでは、二つの事例を取りあげ、子どもとの関わりをとおして、そこから何を学んだか、体験に沿ったかたちで述べてみたいと思う。

2　A君について

出会い

今でも、A君との最初の出会いはよく覚えている。小学三年生の男子であり、発作を起こし、学校も休みがちという主訴であった。第一印象は明るく元気な普通の子ども、という感じであった。筆者にとっては初めてのケースであった。初回はプレイルームでいろんなおもちゃを探索した後、ボールとバットを取りだしてきて、野球をしている。ただ、遊んでいるうちに、かなりこちらに気を使うところもあるな、と思われた。

ところが、次の回に来た時、プレイルームの入り口のところで彼が「僕の病気は遊んでいるだけで治るの?」と聞いてきた。そのときは、「えっ……!」と思いつつ、筆者が何とも答えられないまま、遊びを始めることになる。このことは、ずーっとその後まで、気になることとして引っかかっていた。

でも彼は自分の言ったことをまったく気にしているそぶりは見せずに遊びに熱中していた。

あとで、自分なりに考え、さらには事例検討会などで指摘され、みえてきたのであるが、子どもでも、相談に来ることの意味を、その目の高さに合わせてわかるように説明してやる必要があるということ、どんな気持で今、ここにいるのかという心理臨床の最も基礎的なクライエントとの最初の関わりについて学んだように思う。

彼にしてみれば、小児神経科という病院に来て、筆者が関わる前に、さまざまな医学的検査を受けていたわけである。詳しい説明もないままに、今までのいかめしい検査室とはまったく異なるおもちゃや砂場のあるプレイルームという異空間で突然遊ぶことになったわけである。そんな彼が、「僕の病気は遊んでいるだけで治るの?」ときいてくることは当然の質問であったのかもしれない。どのような構造のなかで、いかなる背景をもちつつ、今彼がここにいるのかを理解しようとする姿勢が治療者側にあれば、少なくともそのままうやむやに聞き流すことはしなかったのではないかと思われる。おとなのクライエントの場合でも、初めて相談に来た時には、「ここで話しているだけで本当に良くなるのですか」という素朴な疑問を、誰でもどこか意識の片隅にもっているのではないだろうか。なかには、はっきりきいてくる人もいるが。

目に見える実体として捉えられないこころの内面の問題に立ち向かおうとする時、そのようなクライエントの気持に何らかのかたちで対応する姿勢を治療者がとることを自覚させてくれたのが、A君の「僕の病気は遊んでいるだけで治るの?」という質問であった。その言葉は、今でも筆者の脳裏に焼きついて残っている。

こころの深層の表現

その後、プレイのなかでウルトラマンの物語が展開してくる。初めは彼がウルトラマンになって、地球を征服しようとする悪い宇宙人をやっつける話が数回続いた。あくまで強く正しい正義の味方を彼が演じ、筆者は悪い宇宙人を引き受けていた。ところがしばらく続くうちに今度は彼が地球を征服しようとする宇宙人になり、筆者は地球を守る地球防衛隊を演じることになる。彼の地球人に対する攻撃はすさまじく、激しいものがあった。地球そのものが水爆で破壊され、宇宙人だけが逃れるストーリーが続くことになる。ある回など、地球の人間を宇宙人が料理し、人間の肉団子やさしみを作って、それをむしゃむしゃ食べるような行動まで見せている。彼のもつ攻撃衝動のすごさを遊戯療法という遊びの世界のなかで、強く印象づけられた。

しかし、筆者としては、実際にプレイのなかで、まだとても彼のそのような気持を受け入れがたい面もあり、初心者にありがちなように、「そんなに人間ばかりいじめてかわいそうだよ」と時々言うのであるが、もちろん彼はそんな筆者の言葉は、まったく無視して続けるのであった。

彼のもっている怒りや攻撃性に筆者が気持ちのレベルでついていけるようになったのは、次のような彼の言葉を聞いてからである。

ある回にはゴム製の怪獣を家から持ってきて、砂のなかに埋め、最初に地球人が水爆実験をする。その結果、怪獣が目覚め、地球基地を攻撃する。地球の防衛軍も対抗するが、反撃もままならないまま、怪獣によって壊滅的に破壊されてしまう。その遊びが一段落したところで彼は、「この怪獣や宇宙人がどうして地球を攻撃して、破壊するかというと、人間が水爆実験で惑星を破壊したために、怒って攻撃しているんだよ。だから、本当は地球の人間のほうが悪いんだ」と語ってくれた。

彼の表現する攻撃性の意味がはっきりと感じられ、そこまで悪を演じないといられない気持も少しわかった気がした。それが現実的に、どのような体験と対応したかたちで生起してきたのかはわからないが。また、それを明らかにすることに意味があるのかどうかも立場によって議論の分かれるところであるが、彼の内的世界において、大事なものが破壊されたような、傷ついた体験をしていることは確かかもしれないと思われた。彼が地球の人間を攻撃しないといられない痛みのようなものに少し触れた気がした。しかし、もう一方で、いつまでも宇宙人のまま生きていくこともできまい。彼自身地球の人間なのだから、どんな否定的に思っていても、いつかは人間を受け入れる時がこなければ、と願っていた。

それからさらに数回、彼自身が地球を攻撃することが続いた。その後、「今日は、僕は帰ってきたウルトラマンになるから、先生何になる？」と聞いてくる。そして、久々に筆者が、地球を破壊する怪獣＝悪役を演じることになる。本当にしばらくぶりで、彼がウルトラマン＝良い者を演じることはちょっとしたドラマを見ているような感動を与えてくれた。

心理療法において、クライエントが表現する内的世界が一つの物語としてストーリーをもって展開するところにセラピーとしての意味があるのかもしれないと実感とした体験であった。その頃、『少年期の心』（山中　一九七八）が出版され、すぐに買って読んだ記憶がある。子どもの事例の記録であるが、遊戯療法とは子どもがプレイのなかで治療者との関わりのなかで作りあげる物語である、とこの本から学んだ筆者にとって、A君との関わりはまさにそのような理解が確かなものになった体験であった。実際、この頃には現実場面でも発作のような症状はまったく消えていたのである。

内的世界と現実との関わり

ところが、現実はそううまくいかないものである。もう症状もほとんどみられないということで、そろそろ終結にしてはどうかという話が、母親と母親担当との間で出ていた。それを母親が本人に言ったらしい。そのことがきっかけとなったのか、次の回は、非常に調子が悪く、歩けないと言う。筆者が肩を貸してようやくプレイルームまで連れていくのであるが、「今日は調子が悪いのに無理矢理連れてこさせられた」「苦しい」と怒ったように不機嫌に語り、時間が終わる前に「もう帰りたい」「こんな所には二度と来たくない」と語って帰ってしまう。

今までのA君の見せていた姿とのあまりの違いをどう了解したものか、筆者としては、かなり混乱していた。結局、今までこの遊戯療法で彼が表現していた世界はなんだったのだろう。現実的な彼の問題にはまったくふれない、単なるお話であったのか。実際の彼の問題や症状とは直接的には関係のない世界のことであったのか。やはり、もう少しプレイのなかで起こったことを現実に対応させて言語化すべきだったのか。本当の症状の解消には、本人が内的世界を表現するだけでなく、その意味を明確にするべきなのか、でもそれはせっかくの彼の表現する世界の流れに水をさすことになるのではないか、などなどの考えが頭のなかをぐるぐるとめぐっていた。でも最終的に、筆者自身が考えたことは、とりあえず彼が今までのプレイのなかで表現したものには意味があったということを、そして、それは彼の現実の生活の中にも何らかの影響をもっているのではないかと信じようとする思いであった。今思えば、こちら側の思い入れもかなり強く影響していたようにも思われるが。

実際、その次の回には前の回が嘘のように元気な姿を見せている。家からカセットプレーヤーを持ってきて、彼が歌っているアニメの主題歌のテープを聴かせてくれる。その後、筆者に知っている歌を歌ってくれと言って、録音している。彼なりに終結の準備をしているように思われた。

プレイのなかで表現されていることと、現実に置かれている状況とのギャップについては、その後、おとなの人に夢を用いた治療を実施する場合にも、同じような状況に出くわしたことがある。毎回報告してくれる夢のなかでは、相当に展開してきているように思うのであるが、現実にはかえって苦しい状況に直面している場合や、夢を扱っても現実にはなにも意味がないと訴える場合などである。そのような曖昧な内的世界の表現がすぐには現実に対応しなくても、自ら表現し自分のなかにもっていることはやはり意味があるし、現実に対する姿勢にも反映するのではないか、と考えるようになった。しかし、そう単純にいえない場合も多くあることは、その後わかってくる。

さらに、いわゆる境界例といわれるような人たちと関わるようになると、混乱をさらに大きくすることもあった。この問題はさらに次のB君の場合、大きなテーマとなってくる。

3　B君について

治療者への攻撃

B君と最初に出会った時、まだ幼稚園の年長組であった。非常に乱暴で手がつけられないという幼稚園の先生が困っての来談であった。待合室の椅子に母親と座っている姿はおとなしそうで、少し寂しげな表情もしており、とてもそんな乱暴な子どもという印象は感じさせないところがあった。実は、彼はインテークの時に一度来談してきており、そのときすでにプレイルームで遊んでいた。その時もかなり激しく治療者を攻撃しており、女性の治療者が手に負えない気がするとのことで、筆者が担当することになる。

初回では、比較的穏やかに、それでも箱庭ではアリ地獄を作り、ロボットを一〇体くらい埋めており、基底的なところで信頼関係を作るうえでの不安定さを感じさせていた。次の回、たまたま他の子どもの描いた絵が壁に貼ってあるのを見ると、「あれだれが描いたの、先生の顔?」と聞いてくる。「似てるかな」と言うと、笑っている。それから、刀を身につけ治療者にかなり強く攻撃してくる。突然「どうして僕の先生、男なの?」と聞いてくる。「B君、前の女の先生のほうが良かったのかな、僕は一緒に遊んでいきたいんだけど」と筆者が言うと、ぱっとその壁の絵のところまで行き、その絵を取って破いてしまう。

筆者がどう対応したものか当惑したままでいると、にこにこしながらバットで筆者を力いっぱい叩いてくる。それから、毎回しばらくは、「先生破いちゃった」と言いつつ、筆者が「悲しいよ」と言うと、「泣け！」と言いながら攻撃を加えることがくり返される。取りつく隙を与えずに攻撃を加えるB君に、どうしてこんなに嫌われ叩かれなくてはいけないのかと、かなりきついものがあった。

A君の場合は、その攻撃の出し方が激しくても、どこかごっこ遊び的に演じている面も感じられ、筆者自身を脅かす感じはなかった。しかし、B君の場合は、プレイルームに入る前は静かな優しそうであるが、突然豹変し、何かに取り憑かれたように、存在そのものをかけて攻撃してくるという印象を受け、少しオーバーな表現かもしれないが、筆者自身の存在を脅かすような感じをもった。それでも筆者に対する直接的な攻撃は、回を追うごとに治まってきている。そして、一三回目には、「先生の顔だよ」と言って画用紙に筆者の顔を描いてくれる。

それから今度は、攻撃の対象を、筆者からプレイルームにあるおもちゃに向けてくる。箱庭用のおもちゃの棚に並んでいる用具をすべて落としてみたり、人形に攻撃してみたり。「この人形には霊が憑いている」と言って、目を針で突いたり、手と足をはさみで切り落としたりとすさまじいものがあった。このような遊びのなかに、すごみのようなものを感じ、筆者としては何とも手が出せない感じがした。さらにB君は、自分で切り落とした人形の足を大事そうに持つと、「これはお友だちだ」と言って頬ずりをしていた。筆者の了解をこえた、彼の生きている心的世界のすごさを垣間見せられた気がした。

遊戯療法を始めてほぼ一年が過ぎた頃、彼は、粘土で小さな母親が子どもを抱いている像を作っている。それから、「前の女の先生がいいなあ」と、突然言いだす。「あの先生、とてもやさしったから、すぐにやっつけられるもの」と語り、さらに「先生の絵、破いちゃったね」と言っている。「でもB君描いてくれたよね」と言うと、ニコッと笑ってから、「先生の絵描いてやる」と言って、また描いている。そして、さらに「次は女の先生だ」と言って、ちょうど一年前、インテークで一度だけ会った女性の治療者を描いている。彼にとって、治療者の交替にどれだけ深い意味があったか、この時教えられた気がした。

彼にとってインテークで出会った女性の治療者が、彼の知らないところで筆者に代わったことが、どんな体験だったのか、少しばかりわかった気がした。たぶんかつて母親との間で体験した（見捨てられ体験とでもいえる）ことの再体験ではないかと考えられた。そして、初回に作ったアリ地獄から感じられる安心できる居場所のなさは、その後の彼の攻撃のすさまじさも含めて、人との基本的な信頼関係をつくることがいかに大変かということを、見せつけてくれた気がした。

特に、自分で切り落とした人形の足を、「これはお友だちだ」と言っている身体の部分との関係は、M・クラインが論じている、人と人との基本的な信頼関係が成立する以前の部分対象との関係の段階について、その位置から見える世界が実感をもってわかった気がした。さらに、いままで穏やかにしていた彼が急に豹変して攻撃してくるのは、そのような部分との対象関係として筆者が彼の心的世界のなかに存在しており、分裂という機制による一方の面の現れだということが、わかる気がした。

そして、激しい攻撃を向けた筆者と、一年前一度出会ったきりで彼を見捨ててしまったと思われた前の女性の治療者を描くことで、彼は部分対象の関係から全体としての人と人との関係の段階にまで進展したのではないかと考えた。そういうプレイセラピーの展開が、基本的信頼関係が彼のなかで形成されたのではないか、という、あたかも現実的な問題の解決と対応しているのではという考えが、筆者の側にあったことは確かである。しかし、それは、すぐさま彼の行動によって覆されることになる。

制限と受容の枠について

その後、プレイの回数を重ねるうちに、彼の行動がだんだんとまた少し落ち着きのないものになっていく。隣りのプレイ室に、制するのも聞かずに侵入してみたり、筆者をまた突然叩いてきたりする。さらには、「画用紙に先生の絵描いてやる」と言って、筆者の顔を描いてくれるのであるが、すぐにパッと破いて笑っている。筆者としては、これは何だ、という思いであった。今までのプレイなかで積みあげていたものが一瞬のうちに壊された感じがした。さらに彼の行動は荒れてくる。プレイ室に入るなり、筆者を攻撃するとともに部屋中のおもちゃをまき散らしている。毎回来るたびにプレイ室はめちゃめちゃになっている。人形や家も壊され、畳の置かれているところには砂場の砂がたっぷりばらまかれ、まさに家庭内暴力でめちゃめちゃにされた家のようであった。この頃の筆者の無力感は、なんとも表現のしようがない。このような思いは、その後、境界例の人の治療の中で感じたものと共通しているように思われた。

彼は、実に穏やかな表情で相談室にやってきて、プレイ室をめちゃくちゃにして、プレイ室から一歩外に出ると、また穏やかな表情で帰っていく。そのため、相談室の他のスタッフはプレイ室の荒れ様を見て、みんな仰天していた。

どこまで攻撃性を出させ、どこで制限させるかということは、よくいわれることだが、筆者としてもいつも頭のなかで考え悩んでいたことであった。初期の頃、彼が箱庭用の棚に並んでいるおもちゃを落としたときには、どこで止めるべきか、いろいろと悩んだりもした。こちらが躊躇し、周りのことを気にしていると、必ずひどくなる。居直って、もう好きなだけやってくれと思うと、思ったほどひどくならずに治まったりもしていた。そんな試行錯誤のなかから、次の相談時間にずれこまない程度に、筆者が許容できる範囲で、つまりは一人で時間内に片づけられる範囲で受け入れようと、自分なりに限界の枠を考えていた。そのように腹が据わると、彼がある範囲を超えると、「もうそれはだめ！」とはっきり言えるようになった。B君が「どうして？」ときいてきても、こちらが自信をもって「だめだからだめ」と言うと、すんなりやめる場合もあった。

初めは、そんな自分なりの制限の意味づけをしていたのであるが、この時は筆者自身混乱しており、とてもそんな余裕もなく、途方に暮れていた。この頃、一番救われたのは、いっしょに母親面接を担当している相談員が「これはよくも荒らしてくれたものだ」と笑いながら後片づけを手伝ってくれたことである。さらには手の空いている相談員も、少ない時間のなかで、次の相談に支障のないように、素早く協力してくれた。そんな周囲の支えで、筆者自身どうにかもちこたえてプレイセラピーを続けることができたように思う。

今思えば、当時のB君を筆者一人で支えるのはとても無理であり、周りに支えられてやっと関わっていくことができたということをしみじみと感じている。とりあえずは、B君がプレイ室をめちゃめちゃにすることも、当然彼の心的世界の表現であるととらえ、次の回までに前回と同じようにプレイ室を掃除しておくことこそが遊戯療法にとって最も大事なことであり、小手先の浅知恵でなんとか彼の攻撃を鎮めようと思うのは、かえって火に油を注ぐに等しいことではないだろうか、と思っていた。時間内に片づけがスムーズに終わり、次の相談活動に支障が出ないように相談に関わる人が協力体制をとることが、彼の治療にとって非常に重要であると思うことにした。これも、先ほども少し触れたが、境界例と言われるような信頼関係の取りにくい、行動化しやすい人との関わりにおいて、大いに参考になった点である。

一人ですべて背負いこむことにはどうしても限界があるということ、その場合の現実的対応について押さえておくことの重要性について学んだ気がする。実際、B君のような、相談室全体を揺るがすような子どもは増えているのではないかと思う。担当者一人で抱えきれずに、相談室のスタッフ全員を巻き込んだかたちで大きな問題になっている場合もある。そのような状況をいかに解決していくか、そこも治療にとって重要な課題として捉えていく姿勢が必要かと思われる。

さらに、いわゆる基本的信頼のもてていない人が人を信頼することがどれだけ大変であるかということ、本人が人を信頼するための確かめの言動によってどれだけ治療者自身が傷つけられるか、それは境界例の人と関わる場合にも強く感じることである。「基本的信頼のまだもてていない子どもと出会うとき、少しオーバーかもしれないが、われわれは人間の代表として今その子どもに向かっているのではないだろうか」とある先生に言われたことがある。B君との関わりは、どこかそのような言葉がぴったりくるような、筆者自身の存在を揺るがし、かつ確かめる機会になったように思う。

その後、境界例の人と出会うときの筆者の基本的姿勢は、B君との関わりをどこか心のなかに思い描いているところがあるように思う。もっとも、いつも人間の代表として対峙できる力があるわけではないのは当然であるが、そのような人との関わりを学んだ気がする。

4　まとめに

A君は、筆者がまだ駆け出しの頃、出会った子どもであり、こころの問題を扱うということの意味すら実感的にはわかっていない頃のケースであった。そんななかでの関わりであったが、プレイ室が彼にとって現実的な生活の場とは異なる非日常的な空間であるということをみせている。心理療法がこころの問題を扱うとするならば、その治療の場が来談者の内的世界を表現しやすい空間であることが求められるのは当然であろう。そのような内的世界とはいかなるものか、A君によって学んだ気がする。それは、おとなの治療者においても同じように考えることができるように思われた。筆者にとってクライエントに関わるうえでの基本的な姿勢になっていったように思う。

そして、B君の場合は、彼の世界に筆者自身、当事者として関わることを激しく求められるとともに、その世界からはみ出そうとするB君をいかに守りつつプレイ室という空間を維持していくことができるか、そこに大きな治療的意味があることを教えられた気がしている。このような治療的な場と空間の問題は、さまざまな臨床家が論じているところであるが、その意味については、確かにおとなより子どもとの関わりにおいてより実感的にわかるのではないだろうか。

よくいわれることであるが、子どもの場合、本来もっている成長する力がそのような守られた空間で表現されることによって、変化していくのではないかと思う。それは一つのストーリーをもった物語として展開していく場合も多い。

しかし、また治療者のほうが、そこにストーリーをあまりに読みとろうとする落とし穴もあり、それが治療を進めるうえでの障害になることを、B君との関わりのなかで学んだ。これは、治療者側の治療に対するモデルなりイメージの描き方が影響しているのではないかと思われる。戦いのテーマから和解や統合のテーマへ、部分対象の段階から全体としての関わりの段階へ、口唇期から肛門期、男根期へなどと、いずれのモデルにしても、そのような治療の展開を頭のなかにイメージしながら関わっている場合が多くあるのではないだろうか。確かにそういう文脈で読める治療もあるように思うし、実際A君との関わりで、筆者自身そのようなストーリーに沿った治療の展開を学んだのである。しかし、そのような枠をこえた視点があるような気もしている。

最近のユング派の一部にそのような発想があるようであるが、そこまではっきりいえるものか、よくわからない。B君は、その後、子どもの誘拐や母親の誘拐などさまざまなテーマをプレイのなかで展開させ、最後には、紙粘土でいろんなものを作るようになった。その紙粘土の作品のなかには、筆者と自分の顔を作り、絵の具で色づけしてくれたものもあった。そして、現実的な治療の終結の段階では、赤ちゃんが一人で寝かされ口元に哺乳ビンが置かれている作品を粘土で作り、筆者にプレゼントしてくれている。

それは、この問題を解決して次の段階に成長するとか、あるいは螺旋状にくり返し同じ問題に引き戻りながら徐々に成長している表れということもできるかもしれないが、基底的には変わらずに、これからも生きつづけねばならない世界を示しているのかもしれない。どんな治療においても、それは忘れてはならないことかもしれない。

文献

エンデ、ミヒャエル　一九七六『モモ』大島かおり訳、岩波書店。

永井　撤　一九八四「見捨てられ体験をもつI君のプレイセラピーについて」日本心理臨床学会編、『心理臨床ケース研究2』八八―九八頁、誠信書房。

山中康裕　一九七八『少年期の心』中公新書。

解題

ここで述べられている二人の子どもとの出会いは、私のプレイセラピーとして子どもと関わるうえでの原点になったように思う。さらに詳しいこの二人との関わりについては、拙著（『子どもの心理臨床入門』金子書房、二〇〇五年）において述べている。B君のケースは二度ほど、二〇〇七年に亡くなられた河合隼雄先生のスーパーヴィジョンを受けている。基本的な信頼関係のもてなかった子どもと出会う時、人間の代表として子どもに向かう場合があるという言葉は、その時言われた言葉である。その言葉は、その後B君と会っていくうえでの大きな支えとなったように思う。今でのその言葉は、私とこのケースを結ぶ支えとなっている。

スーパーヴィジョンで言われた言葉の重さを、その時学んだ気がしている。

第五章　青年期の対人恐怖のクライエントとの関わりから

1　はじめに

筆者が対人恐怖という言葉を、はじめて臨床心理学の授業(1)で聞いたのは、大学二年のときであった。そこで取りあげられている問題の特徴、発症の仕方などがあまりに自分の身に覚えのあることばかりであることに、非常に驚いた記憶がある。

はじめて大学に入り東京に出てきた当時、なんとなく自分を悩ませていた問題が、日本の文化的特徴と密接に結びついた、日本人に多い神経症の一種であること、また青年期に自覚する者が非常に多く、成人になるにつれ自然に治癒するケースも多いことを知り、目が開かれる思いがした。幸いにも筆者自身は固定した症状をもつこともなく、対人恐怖的心性は多少もちながらも今日にいたっている。しかし、あの時の体験が自分自身、臨床心理学を専攻し、心理臨床の世界に進む一つのきっかけになったことは確かである。そして、心理臨床の実際の経験を積むようになってから、筆者自身の在り方を問い、心理療法の意味を教えてくれたのは、対人恐怖を主訴とするある大学生との出会い[2]であった。ここでは、その治療過程の一部を、治療者としての筆者の心理の動きを中心に述べてみたいと思う。

2　Nと出会うまで

Nは、二二歳の大学四年生の男子であった。主訴は汗が臭うことの恐れという問題であった。O先生の本を読んで、精神分析の治療を求めて来所している。O先生がインテークをした後、筆者が担当となる。Nは、小学四年のとき、担任の教師と問題を起こし、その後その教師から何かにつけて差別されるようになったという。それ以来、周囲が自分をどう見ているか意識するようになったという。中学の頃は、周囲の目が気になっていた。汗が気になりだしたのは、高校に入って自転車通学をするようになってからであるという。

地方出身であり、大学に入学するため東京に出てきたという。今までの治療歴としては、大学二年の九月から一二月までの四カ月間、某大学の精神科で精神分析的カウンセリングの治療を受けたという。症状があっても何とか生活していくようにと言われ、物足りなかった、自分としてはもっと本質的なことを考えたかったと語っている（これ以外の治療歴については、後ほどその実態が明らかになるが、この段階ではすべて隠している）。

この頃、筆者はまだ大学院生[3]であり、対人恐怖については、女性のケースを担当したことがあったが、クライエントの一方的な要請で中断していた。今回は何とかよくなるまで治療を続けたいという思いを強くもっており、かなりの意気込みがあったと思われる。

3　夢の中における治療関係について

第一回目の面接において、現実生活や症状についてはは苦しそうに語っていたクライエントが、夢について問うと意外にすらすらと自然に話してくれたことに、筆者は気を良くしている。家でどのようなことをしたらよいか、指示を求めることに対して、もし夢を見たら書いて持ってくるように言っている。筆者自身、夢に関心があり、夢を中心にした治療をしてみたいという希望を常々もっていた。このケースの場合、わりといけるのではないかという期待をもたせてくれた。そのような、筆者自身の強い思い入れ（野心）の気持ちが働いていたように思う。

Nは、そのような筆者の期待に応えてくれて、次の回から、きちんと記録した夢を持ってきている。第二回の面接には一二の夢を書いてきてくれる。そのなかの一つは〈横浜球場へ、切符を買いに行く。フリー・パスの電車の切符を買い、特急に乗って行こうとしている。不安な気持ちを持ちつつ、従兄弟が見送りに来ている〉というものだった。従兄弟は年齢・立場上、筆者に近く、今後の治療の在り方を示していたと思われる。

その後、第二五回の面接まで夢の報告をしている。そのなかで治療者としての筆者の在り方は、クライエントの第一五回における夢〈ペアで走るマラソン大会、自分の相手は心臓が悪い男性であり心配であったが、何とか優位に立つことができた〉の中に現れているように思われる。いっしょに走ってはいるものの、どこか心底頼ることができない感じをもっており、それでも、二人とも優位に立つことをかなり強く意識している。これは、Nが、筆者に対して意識的・潜在的に感じている姿のようにも思われる。実際問題としてこの頃、毎週数多く報告してくれる夢を、どのように解釈すべきか、筆者自身、もてあましぎみであったように思う。つまりは、Nの問題と夢について一貫した理解の枠組みがもてていなかったように思う。

そんな頃、第一六回の面接の後、筆者自身が次のような夢を見ている。〈Nの面接に、山王のクリニックに行こうとしている。途中でNを見かける。先回りをして行くと、山王の建物が跡形もなく壊されており、平地になっている。これは困ったと思いつつ、でもまあ、しかたがない。今日は喫茶店にでも入って話をしよう、と思っている。実際のことなら、もっと自分があわてるだろうな、と思っている。〉この夢を見たときは、どんな意味があるのかまったくわからなかった。ただこれは、このクライエントに会っていくうえで重要な意味があるかもしれないと思い、面接記録の間にメモ書きしておいた。

その一週間後、また、Nの夢を見ている。〈私が家を引っ越すことになる。二階建ての大きな家の二階を間借りするようだ。どうもその家は、Nが紹介してくれたようである。大家には、二〇歳ぐらいの娘がおり、気さくそうで、こんな女の人がいるなら、この家でもうまくやっていけそうな感じがしている。ところが、二階に上がると、これが大きな石の家、真ん中が吹き抜けになっており、大きな公園のような中庭になっている。その一角にマットを六枚敷き詰めてある。こんなところでは、となりとの仕切りの壁もしっかりしておらず、筒抜けである。湿気もあり、カビがすぐに生えそうである。こんなところにとても住めないと思う。よく考えたら、まだ正式契約は何もしておらず、ただ口で言っただけである。いろいろと苦情を言って、必死に断ろうとしている。Nはどうもここに今まで住んでいたようであり、これは大変だったろうなと思っている。〉

この夢を見たときは、Nの抱えている家の問題、その重圧感と、その中に入ったときの自分が守られていると感じる空間のなさ、たまらなさをつくづくと感じ、それに対して不安定に揺れている筆者自身の関わり方も表していると思われた。ただ、夢の中にでてくる女性にどのような意味があるのかはわからなかった。

ところが、第一九回の面接で、Nは初めて女性との性的な内容の夢を報告した後、自分は幼い頃から女の子に強い興味をもっており、女性の性器がどんな形をしているのかすごく関心があったという。幼稚園の頃、従妹と性的な遊びのようなことをしたり、ペニスをテープで後ろ向きに留め女の子のようにトイレにしゃがんで小便をしたりしたことがあると語っている。このように、Nが自らの性的同一性の問題を意識化するとともに、筆者にとっては、夢の中に出てきた大家の娘は、このクライエントのもっている女性的な側面を、筆者自身が意識化することなく潜在的にどこか感じていたのであろうと思われた。

次の二〇回目の面接の後、筆者は第三回目の夢を見ている。〈山王にて、Nの面接をしようとしている。ところが面接室は工事中であり、第二面接室は使用可能だが、第一面接室は壁が突破られておりカーテンで仕切ってあるだけという非常に簡素な作りになっている。第二面接室はO先生が使っている。その第二面接室と第一面接室の間のみ防音の立派な壁になっている。これは、困ったものだと思っている。〉筆者自身、O先生を頼りたいとどうも思っているようであるが、どうもそれはできないようであり、守られていない不安定な面接室でNと出会わねばならなくなっている。この夢は筆者の第一の夢と共通性がかなりあると思っている。しかし、これが実際の現実レベルではどう結び付いているのか、わからなかった。

この面接の後、第二一回の面接のとき、クライエントは次のような夢を報告している。〈両親に無理矢理、整形外科に連れていかされる。そして、自分が嫌がるのに歯ぐきに全身麻酔の注射をされる。しばらくして、別の患者と話をしているうちに、自分のペニスが切り取られたことがわかる。〉ペニスを切りとられたということにギクリとした。別の患者とは中年のおばさんである。このようにペニスに象徴されるクライエントの男性性が、両親との関係のなかで、阻害されていたことが明らかとなっている。その後、徐々に現実的なことが問題となってくる。

第二五回には、大学を休学し、自分の興味のある分野について学ぶため、専門学校に行くことに決めたと語っている。この頃、筆者が見た夢は〈面接場面である。Nが横になりたいと言って、椅子を二つ並べて、背中を筆者のほうに向けて横になる。わたしはギョッとしている。そういう状態でクライエントは、治療者に包みこまれているようだという内容の夢を報告している。夢の記録はとれなかったといっている〉というものだった。この夢を見たとき、このクライエントはもう夢を書いて持ってこないのではないか、という思いが頭をよぎっていた。この懸念は実際のものになる。もう一つ、筆者自身が、クライエントの依存性の強さと、その中に同性愛的なものを感じていたことを自覚している。

いずれにしても、以上のように、四つの夢はこのクライエントに対する筆者自身の無意識的な関わり方、基本的姿勢を表しているもの考えられた。ただその意味をはっきりと自覚するにはいましばらくの時間が必要であった。

4　現実的な治療関係についての問いかけ

その後、Nは専門学校に通いはじめるが、症状が苦しくなり出席できなくなる。そのような状態になるのではという予想はある程度ついていた。Nのあせりと苛立ちが、筆者に向けられるようになり、「これで治療は進んでいるのか」と第三三回の面接後、電話で問うてきている。これに対しては、ある程度余裕をもって応対し、電話ではなく面接の場面でこういう疑問について話しあうことが大事だと思うと伝えている。そうしたなかで、田舎から父親がどんな治療を受けているのか見にくるというので会ってもらえまいかと言われ、三者面接をすることになる。わざわざ田舎から上京してくる父親のことを思い、この治療の責任を改めて感じていた。その三者面接の場面で父親の口から、大学二年の春に入院して森田療法を受けていたことを聞いて、筆者はかなりのショックを受けている。

次の面接では、はじめて、今までの治療歴について正直に語ってくれている。その話を聞いて、筆者自身、どう理解したものか戸惑いがあった。森田療法の病院はもちろんだが、それで良くならないと思ったNは、精神分析の治療で有名な病院や著名な先生を求めてドクターショッピングをしていることが明らかになった。もし最初から、これらの治療歴を知っていたならば、たぶん尻込みして担当する気にならなかっただろう。それができたのは無知なればこそ、と思いつつ、ここまで夢を中心に治療は展開してきていた、と思うと、筆者自身の治療者としての野心と功名心をくすぐる部分もあった。さらに、筆者自身が、このクライエントの夢を四つも見ていることなど、個人的・内的体験としても大事なものだと思っていた。しかし、Nは面接回数が四〇回ちかくなるまで治療歴を隠していた。そのようなクライエントの基本的姿勢で面接、夢を問題にしても、完全な筆者の自己満足の意味しかなかったのではあるまいかとも思われ、不安定な何ともいえない心境であった。

その次の面接で、クライエントは、非常に強い攻撃性を表出している。「小学四年生の時のあの先公のおかげで自分の人生は台無しになってしまった。この恨みを誰かにぶつけてしまいそうだ。帰りの電車の中でも爆発しそうだ」と言っている。筆者のほうでは、そういう気持ちは決して悪いものではない、その気持ちに直面して克服してほしいと伝えている。Nはどうもこれだけではとても納得できずに不満を強くもちつつ、時間切れのために終わっている。この時、筆者は、このような怒りの感情が出てきていること自体が、治療的に意味があると言っている。実際これはおもしろくなってきたと思っている。しかし、その日の帰り、駅ビルの窓から外を覗いている人がいた。よく見るとNであった。筆者は、しかし、無視して彼に声を掛けることもなく、改札口からホームに階段を降りてしまっている。心の中では心臓が高鳴っていた。自分の彼の苦しさに対する理解がいかに浅はかなものであったか、頬を打たれたような気がした。この日の夜は心配だった。もしものことがあったら、どうしたらいいのか、自分に何ができるのか、やはりきちんとした入院施設のある治療機関にまわすべきだったのではないか、それとも、こういう現象は良い方向に向かっている証なのか等々考えている。

実際、この時Nは、かかりつけの病院に出かけ注射を打ってもらい落ち着いたということが、後ほどわかる。この出来事は、今考えても冷汗が出るような思いがする。というのはそこで、はじめて、じつは森田療法を受けはじめたとき、脳波検査で異常波が見つかり、それから今日までずっと投薬を受けていたということも明らかとなったのである。こういう重要なことを今まで知らされずにいたのは、それだけ多くの治療機関にかかっているうちに、Nが治療に対して疑い深い気持ちをもたされてしまったからではあるまいかと思う。しかし、このような問題は治療の初期の段階において取り扱うべき問題であろう。最初に何もわかりもしないで、勇み足で夢などを治療として取りあげたことが、そもそも問題であったのではあるまいか、という批判が聞こえてくるようであった。

その後、第六一回の面接で、このクライエントは、掛りつけの病院の医師の応対に腹を立てやめたと語っている。これは治療の過程で起きたアクティング・アウトと思われたが、一つの自己主張として、筆者自身は評価できるものと思われた。ところが、それからNは、脳波異常の問題についての治療を求めて大学病院などを転々とすることになる。その不安感が筆者との治療に関しても表明されてくる。「自分は、大学病院とか総合病院でないと信用できない、個人病院には行きたくない。ここは医者ではないし、なにか騙されていているような感じがする。お金だけとって何も指導してくれない。まあ、ポスターなどによくあるクリニックよりは所長のO先生は信頼できるが、先生はわからない」と語っている。

さらにその二日後、電話があり、検査の結果、脳波の異常はみられず、対人恐怖の治療機関を紹介すると言われたという。「親に話したら、きちんとした医者にかかるほうがいいのではと言っている」と言う。筆者にとって、これはかなりきついことであった。自分のどこかの声は、じゃあどうぞ、お好きなように、偉い先生のところや立派な大学病院にでも行ってください、と囁いていた。しかしまた、そんなことを言ったら、自分自身がすごく後で後悔するのではとも思われた。この時、筆者自身、自分のみた夢を思い出している。〈山王のクリニックの建物がなくなった跡地でNと面接をすることになる夢〉、〈面接室が工事中であり、安心して面接することは筆者自身どうも難しいようである。しかし、O先生との間に厚い頑丈な壁があるという夢〉、この二つの夢の意味がこの場面で初めて意味をもっていきたように思われた。

もっともこれをはっきり自覚したのはもっと後のことであるが、この夢へのこだわりがあったことが、彼の言い分に感情的に対応せずにすんだかと思われる。比較的落ち着いて、「どうするかは自分で決めて欲しい、最終的にはあなたの苦しみは誰も背負ってやることはできないとおもうから」と言っている。これは、筆者自身が自分に言いきかすために言った言葉でもある。

結局、ある病院で、前の病院に問い合わせて前と同じ薬を出してくれることで落ち着いてくる。対人恐怖についての新たな治療は受けないことにした。

その後、徐々に自己を肯定して、症状があってもやっていくしかないという気持ちがもてるようになり、現実的に動きだしてくる。具体的には、自動車の免許を取ることにしたという。そして、最終回では「九〇回よく続いたと思う。何か少し先が見えてきた。症状は変わらないが居直ったような気持ちが出てきた。ここに来る前、いろんな所を回ってみたが、精神分析にこだわりすぎて回り道をしたように思う。結局、操作的に何療法をされても良くなるものではなかった。ここでは、自分が話すことの大切さがわかった。症状は完全に良くなっていないが、今はやるしかないと思う」と語り、いちおう終結している。その後、Nは免許も取り、大学に復帰した。様々の困難があったが、翌年には無事に大学を卒業し、社会人になっている。

5 考察

ここでは、全九〇回の面接の中で、特に治療者の立場を中心においてその一部を記述してみた。書きながら、これはなかなか難しいことだとつくづく思っている。あまりに自分の気持ちを正直に書くことは、自分がいかに未熟であるかをさらすことであり、隠せるにこしたことはないと思う。しかし、たとえ隠したとしても臨床の場では、それで通せるものではないことも当然である。「はじめに」で書いたように、筆者自身、対人恐怖的心性に対する親和性がもともとあった。それが、Nに対する思い入れをより強いものにしたと考えられるし、この治療の在り方に大きな影響を与えた一つの要因であると思われる。それを専門的な言葉でいうと、逆転移の問題として捉えることができる。

この逆転移という言葉はどうも良い響きではない言葉である。逆転移は治療を進めるうえで障害となるものであり、なるべく起こさないように、自己分析や教育分析に努めるべきであるという考え方が一般にあるようだ。逆転移といわれるとどうも治療者に対する非難のニュアンスが含まれ、そう言われないように警戒する、治療的にまずいものという否定的な意味で用いられており、初心者として筆者もそう学んだように思う。[4] ところが、H・ラッカー（Lacher 1968）やM・ヤコービ（Jacoby 1984）などの本を読んでみると、逆転移の治療的有効性の問題が論じられている。精神分析の立場でもユング派の立場でも、クライエントをある理論から分析しながらみていく姿勢から、むしろ、治療的要因として、ひとりの人間としての治療者自身の個人的在り方に注目するようになってきたのだろう。

河合（一九七九）は、この逆転移の治療的有効性について「治療者が治療のプロセスの中で、自分の弱点に気づき、それを意識化し、個性をつくり出していくような治療があるということなのである。治療者が自分の個性や特性によって、クライエントを『治す』というイメージではなく、治療者とクライエントとに共通にコンステレート（布置）されたものに対する対決を通じて、ともに個性化の道を歩むというイメージなのである」と述べている。ここで取りあげたクライエントの場合、その治療過程を通じて、自らの課題としての家からの自立という問題に直面することになった。それは同時に、治療者としての筆者自身が、自分の所属する場や肩書き権威に対する依存から、一人の臨床家としての自立の問題に第一歩にまさに直面させられていたということができる。

さらに、河合は、同じ論文の中で治療者としての基本的姿勢として「私の方法は、できるかぎり自分の自我に頼ることなく、クライエントおよび自分の無意識内の存在する自己実現の力に頼ろうとするものである。そして、無意識内の実現傾向は、しばしば自分の自我の弱点を通じて顕現されるのである」と述べている。筆者自身は、できるかぎり自我に頼って、つまりは頭でいろいろと考えつつこの治療を始めたつもりであった。しかし、それだけではどうすることもできず、結局、治療者自身の夢がこの治療過程を最も支えてくれる力になったと思われる。意識的・主体的に取り組んだわけではなかったが、自分の無意識の中に存在する力というものが確かに有効に働いているということを、実感として体験的に学んだと思われる。

臨床経験から学ぶこととして、今、筆者がいえることはこのくらいのことである。最後に、演出家の鈴木忠志が、集団は経験を継承できるかという問題について、老若の観点から日本の古典芸能を例にして語っている文章を引用してみたい。

それを一口で言ってしまえば、経験の深さを尊重する、そしてそれがどれだけ他人にも共有できるものかがすべての価値に対して優位であるということです。その経験というのも、ただ単に精神的なものではなく、人間が生まれて、子どものときがあって、若いときがあって、だんだん年をとって衰えていくという身体の変化とは切りはなして考えられないものだと思うのですが、特に演劇の世界では年齢年齢に合わせた身体との関係をどう扱うのかが価値があって、それは体験と言うものの自覚化のうえになり立っている。〔……〕、〔さらにその結果として〕身体というものは、ある環境に長く対応すればするほど非常に自由になるものだからです。だからひとつの制約とか約束事のなかで何かをやっていく場合には、体験の量の多少によって自由であるか不自由であるかがでてくる。つまり制約とか約束事を多くしておけば、老年になるほど自由になるということなんです。ですから老年になるほうが歌舞伎や能の俳優は自由で溌剌と見える。〔……〕個人の体験が一つの制約の中で経験として消化され集団化されていく過程が老年になっていくことだとする考え方、制約を前提として、その中でいろいろなことを体験して、最終的には集団的な自我を獲得して生きる、これを自由の境地に達するといってもいいのですが、それが老年になるということであり、逆に言えば若いときに心情として願ったようなことを老年になって身体を媒介として経験するのだという考え方だと思うのです。（鈴木　一九八二）

この内容の意味することは、そのまま心理療法における理論や技法と臨床経験との関係について、特に経験の意味について、深い示唆を与えているように思われる。

注

（1）この授業の講師は、後ほど本文の中にも登場するO先生である。

（2）このケースは、日本心理臨床学会第三回大会（一九八四）で口頭発表しており、また詳しい心理治療過程については、永井（一九八六）に発表してある。口頭発表の時の指定討論者は、氏原寛先、故佐藤紀子先生であり、司会者は樋口和彦先生であった。当日、佐藤先生から治療の構造に関して厳しい批判が出され、どうもそのペースに押し切られ、発表したい点が伝えられない不全感がだいぶ残ったように記憶する。今思えば、この口頭発表の体験はケース理解のうえでは役立たなかったが、筆者の人間的成長には役立ったように思う。発表の当日、広島のあるホテルでの懇親会会場で樋口先生が近づいてきて、確か「これからは、もっと疲れないで治療をして行くことだネ」というような内容のことを言われた。その時は、その意味がわからず曖昧な返事をしていたように思う。六年たった今、少しその意味がわかってきたような気もする。

（3）今からおよそ八年前である。なお、この論文は一九八七年一〇月に書かれたものであり、その当時の筆者の心理的状況をまとめたものであり、一二年以上過ぎた現在の心境とは幾分異なる面もあるが、あえて改稿せず、そのまま発表することにする。

（4）筆者自身の初めて学んだのが、ごく狭い範囲の精神分析の知識であったためこのように思いこんでいたようである。

文献

Laker, H, 1968. *Transference and Countertransference.* London : Hogarth Press Ltd.（『転移と逆転移』坂口信貴訳、岩崎学術出版社、一九八二年）

Jacoby, M, 1984. *The Analytical Encounter : Transference and Human Relationship.* Tront : Inner City Books.（『分析的人間関係』氏原寛ほか訳、創元社、一九八四年）

河合隼雄　一九七九「逆転移の治療的有効性について」『京都大学教育学部心理教育相談室紀要』六号、一七二—一七四頁。

鈴木忠志　一九八二「集団は経験を継承できるか」『文化の現在5　老若の軸・男女の軸』七二—九四頁、岩波書店。

永井　撤　一九八六「対人恐怖の心理治療過程について——ある男子大学生の夢分析から」『東京都立大学人文学部人文学報』一八三号、一一七—一三七頁。

解題

このクライエントとの関わりについては、私自身思い入れがあった。注釈にあるように、この論文は二一年前に書かれている。臨床の実践を始めて、八、九年くらい過ぎた頃の経験をまとめたものである。その頃の体験の臨場感をそのまま伝えるために、注釈もそのまま載せてみた。今、自分がスーパーヴァイザーとして指導する立場に立ってふり返ってみて、この経験から学んだことは多い。それは、ヴァイジーがそのクライエントをどう理解するかと同じくらい、カウンセラーがどのような課題に取り組みながらクライエントと出会っているか、特に初心者への指導の中で、単にクライエントを客観的に分析解説してあげるだけでなく、このカウンセラーの課題は何かという視点を、自分の中に絶えずもつきっかけを作ってくれたように思われる。

もう一点付け加えると、このクライエントのかかえる症状としての対人恐怖は、今日的にいえば不安障害の中の社会不安というかたちで診断されるのが一般化してきている。対人恐怖が社会不安といわれるようになってから、この問題が恥を中心とした、世間や他者との関係を重んじる日本文化の影響を強く受けている問題という見方もうすれてきている。それだけ日本の社会の変化が問題の見方にも影響してきているようである。その症状の解消には、認知行動療法的な治療が有効であると一般的にいわれる時代になってきている。ここでの関わりのような対応はあまりはやらなくなってきているようだ。少なくとも症状の解消という面からのみ考えた場合、このような関わりは議論の余地があるかもしれない。しかし、クライエントとセラピストとの人間関係を中心とした全体的な人格形成という視点からみた場合には、夢を全面的に扱うかどうかはともかくとして、このようなやりとりや関わりについて経験してみることが、治療者自身の成長のためには必要ではないかと思われる。それはクライエントをどのようなアプローチであるにしろ、支えていくうえで、役立ちうる体験になるのではないかと思う。

第六章　逆転移の自覚について(1)

——心理療法の経験に即して

はじめに

心理療法はクライエントと治療者の二者関係を中心に展開しており、そこに治療者の個人的人間性や在り方が大きく影響することは当然である。しかし、一般的にはそのような治療者の個人的な問題（＝逆転移）はクライエントの治療にとっては、障害になるものと考えられ、治療者の中立性が主張されていた。それは、精神分析の考え方の影響が強くあったと思われる。

H・ラッカー（一九八二）はその著書で、逆転移の問題が精神分析の発展の中で研究対象として取りあげられたことは非常に少なく、注目されるようになったのは最近のことであると述べている。そして、その理由として、精神分析医とは、その資格を得るための教育分析の体験と訓練を通じて、自らの神経症的な問題をすべて解決した人格者と考えられ、クライエントに対し無意識的神経症的な反応をするとは考えられない。もしあるとすれば、それは教育分析なり訓練がまだ修了していないと考えられていたためである、と述べている。つまり逆転移は治療者としての訓練不足からくるものと一括して考えられていた。

ラッカーはこのような考え方の背景に分析医（＝治療者）とクライエントの間に存在している社会不平等の問題を指摘している。つまり、治療者は自らの神経症的な問題をすべて解決している人格者として存在することになり、神経症的な問題を抱えているクライエントとの間に明らかに不平等な力関係が存在していたという、まさに治療者の意識化していなかった逆転移構造の問題を指摘している。

小此木（一九九二）は、精神分析医を風刺している映画を取りあげ、米国社会における分析医像の変化について述べている。かつて米国において精神分析医は、社会的ステータス・シンボルとみられていた。その資格を取るために、膨大な時間、自ら教育分析を受け、その訓練を受けなければ取れない非常に難しい資格とされていた。それは、つまり資格をもっている分析医は、ある意味で理想的なピューリタン的、合理主義的理性による自己を確立した個人主義的、理想的人間像として位置づけられていた。しかし、今日さまざまな問題をかかえている米国社会において、そのような理想像が失墜している現実があるのではないかと論じている。

これは、今日心理臨床の資格が大きく取りあげられ、注目されている日本においても非常に考えさせる問題を提起していると思われる。

心理臨床家として教育・訓練を積みかさね、より専門性の高い資格を得ることが、逆にクライエントとの関係において、権威的・不平等の関係を作ってしまう危険性、つまりは盲点として逆転移の問題が存在しているのではないだろうか。専門的であり、かつクライエントと同じ地平に立とうとする関係をつくることが心理療法の大きな課題と思われるが、それは治療者にとってきわめて矛盾した感情を強いるものであり、そこにまさに治療者の逆転移の問題が大きく関わってくると思われる。ここでは、そのような問題をふまえつつ、筆者の三つのケースとの出会いをとおして、治療者の直面した逆転移の内容をそれぞれの経験に即して取りあげてみたいと思う。

1　逆転移との出会い

ここでは、筆者がはじめて逆転移という現象がいかなるものか、初めて自覚したケースとの関わりについて述べてみたい。

ケース①：I君、中学三年生、男子
主訴：頻尿
問題の経過：中学二年の頃、部活を辞めてから頻尿が気になりだし、医者に行くが泌尿器に問題はなく、心理的な問題といわれる。カウンセリングを受けたり、森田療法を受けたりするが効果がみられず、その後、筆者が研修生をしている大学病院の小児精神神経科を受診し、筆者が心理療法的関わりをもつことになる。

このケースは、筆者が（＝治療者）にとって初めての中学生のケースであり、治療者自身相当に緊張しつつ、面接を開始している。初回、二回と初めの頃、I君は症状の苦しさをひたすら訴えていたが、治療者には、大変だろうなと思う反面、I君の訴え方がどこか言い訳がましく感じられ、第三回には「症状があることで何かから逃げているところはないだろうか?」と、今思えば相当にきついことを言っている。その結果、次の回には、症状は悪化、頻尿がひどくなったと訴えている。そのような状態で年度が変わり、いよいよ高校受験という現実に直面することになる。

新しい年になり、第一〇回には、さらに症状がひどくなり、冬休み中、まったく外にも出られなかった。志望校もまだ決めてないし、今年の運勢は悪いようだと語っている。そんな状態で夢を報告している。〈体育館のような木造の暗い建物、親方の指図に従ってモップふきの仕事をしている。労務者のような同じ年ごろの、どこかぬけたような人たちと一緒に、イモの煮っころがしを食べている。〉夢について、特に注目して治療的に用いようとする知識も持ちあわせていなかったが、このような現実的に追い詰められた状況で夢を語ってくれたことは、何か建設的な感じがした。

次の回にも夢を報告している。〈ある好きな歌手のレコードを、引替券をもってレコード屋に換えに行く。ところが店員に別のレコードを勧められ、どっちにしようか迷ってしまい、結局勧められたレコードを買ってしまう。家に戻り、そっちを買ってしまったことをジャケットを見ながら後悔している。〉これは、進路選択を意味しているように思うと言っている。「公立の高校どっちにしようか、自分としては〈偏差値の〉高いほうにしたいが、状態が状態だから、安全圏をねらって確実なほうを選んだほうが……」と担任と話し合い、迷いをみせていた。

その後、入試がだんだん近くなるが、面接では現実的に追い詰められた話はされなくなり、ラジオのある番組で登校拒否をテーマに取りあげた内容をテープに録って持ってくるようになる。面接のなかで、実際に登校拒否を起こした人が書いた手紙やインタビューを二人で聞きながら、感想を述べ合うことが続いた。その間に、高校入試も終わり、無事に希望していた高校に入ることができている。

その後の経過

この時期、治療者は受験という、クライエントの現実的に困難な状況に対し、なすすべもなく、ともに揺れながら関わることで精一杯であった。そのような状況から抜けでたのは彼自身の力であり、面接場面を現実的・日常的場面とは異なった場面として位置づけることができている。そこでは自らの問題に直接触れるのではなく、ラジオの番組という媒介を通じて、間接的に自らの問題を考えていこうという姿勢をみせている。山中（一九七八）の述べているクライエントの出してくる「窓」に合わせた関わり方ができたように思われた。

その後、高校に入った後も、隔週ぐらいで相談に通ってきていた。筆者自身、この年齢の子どもに対し、セラピーを深めるというよりは、日常的な事柄を語ることが重要であり、そのようななかで支えている面もあるのではと考えていた。その頃のある面接でI君は治療者に個人的なことをきいてきている。

筆者が何を専攻して、どういう勉強をしているのかと問うてきて、さらに個人的なことに立ち入ってきいてきている。筆者はそのようなクライエントの問いに対し、多少の、いや相当の警戒を示しつつ、「ぼくのこと気になるかな」と言うと、I君は、すこしばつが悪そうで、もうそれ以上深入りせずにこの回の面接は終わっている。しかし、この対応に筆者自身どこか引っ掛かっているところがあった。それを明確に自覚したのは、あるスーパーヴィジョンでヴァイザーに指摘されてからである。

ケース検討会での指摘

スーパーヴァイザーが筆者とI君とのやりとりを聞いた後。

（なぜ、きかれたことに答えないのか？）「やはり、治療者の中立性ということが頭にあったからだと思います」

（彼はなぜききたいのか？）「彼にしてみれば、治療者を理想化したモデルとしてみたいという気持ちがあったのはわかるが、しかし、正直いうと自分の経歴、進路を自信をもって語れない気がした」と語っている。

そして、このやりとりをとおして筆者は、自分の中に理想としての対象を求めてきているクライエントに対し、彼の参考になるような価値あるものは自分の中に何もないのではないかという後ろめたさ＝罪悪感の存在が明確に自覚されている。

この筆者を支配し動けなくさせていた罪悪感の問題について、ヴァイザーは、「確かにクライエントにとって一つの参考の対象となるかもしれないが、彼が自分らしさを見つければすぐに捨ててしまうもの、その一つかもしれないよ」と言っている。

このアドバイスの真意は、筆者自身、そんなに立派でなくてもそのままの姿でクライエントの前に立っていてよいのでは、というふうに受けとれた。クライエントの理想像としての役割を演じきれないことに対する罪悪感から、治療者を解放する指摘になったように思われる。このように、臨床経験の少ない初心者のおちいる問題の多くが、自分はクライエントに対して治療者として値しない者ではないか、という問題意識からくる罪悪感ではないかと思われる。自分自身、スーパーヴァイザーとして、ヴァイジーに関わる機会をもつようになった今日、その思いを強くしている。

2　治療者の交代か継続かの決定について

ここでは、心理療法の継続について、治療者の個人的関心が引きずってしまったある女性のケースとの出会いを取りあげ、治療者の逆転移の問題について考えてみたい。

ケース②：Eさん、二四歳、女性。

主訴：異性関係の悩み、一人でいるとさみしくなり、不安になる。

背景：地方出身、ひとりっ子、両親の仲が悪く、父親はそとに愛人をつくり、家に寄りつかない時期があった。出生時、身体的な機能障害があった。五歳の時と小学校六年の時、手術をしてほとんど目立たない程度になっている。

治療者の面接前からの逆転移

筆者が担当することになり、インテークの情報を聞いた段階で、直接Eさんに会う前に夢を見ている。〈筆者は友人四～五人と一緒にEさんの話をしている。どうもからかった調子で話題にしており、興味本位で話をしている仲間に対し、腹を立て、彼女の弁護を必死になってひとりでやっている。〉この夢からわかるように、筆者自身、若い女性であるEさんに対し、異性としての関心や興味を強く感じているところがあった。それは、しかし意識的には、このクライエントの傷ついている心＝身体に対し、何とかしてあげたい、という気持ちでいたと思われる。

治療経過

初回、Eさんは挨拶を交わした後、男性二人といま並行して関係を続けており、罪の意識はあるがやめられないと語り、さらに続けて、両親の問題や印象的な夢について報告してくれる。ひととおり問題について語った後、Eさんは「私のことどう思いますか？」ときいてくる。筆者が「いま少し、週一回来て話していきませんか」と言ってみると、筆者に対し、経歴、経験年数、治療的立場等について問うてくる。いちおうは答えつつ「私とは話にくいですか？」と尋ねると、「はい」と言う。そして、さらに、どんなクライエントを主にみているのか。自分より年配の人の面接に経験がないのに対処できるのか。自分のようにはっきりした症状がない人にどう対処するのか、と次から次へと質問してくる。さらに「自分の場合、何をどうするつもりですか？」ときいてくる。筆者が「あなたのなかの不安やさまざまな感情をはっきりさせること、ここで考えていけたらと思うが」と答えると、「それをやったから、どうなるんですか？」と返す。「こういうことは、いくら言葉で説明しても、自分で実際感じてみないと意味ないと思うが」と筆者が言うと、「私は普通のクライエントとちがいますか？」ときいてくる。筆者は「ここに来るなかで自分を見つめなおし、何か手助けできればと思うが」と言うと、「今、どの程度話ができるかわからないが、また来て話していくつもりです」と語り、ようやく初回の面接は終わっている。

筆者としては、なんとか継続していけないかと強く思っていた。しかし、やはりこの後、キャンセルの電話が入っている。もう無理かと思っていると、次の約束の時間には現れている。二回目に来てくれたことは、治療者にとって相当にうれしく思われ、治療者は面接のおしまいに、「正直もう来ないかと思っていました。来てくれてうれしかったです」と言っている。

第三回、つき合っていた男性と別れて、今は関係のない生活を送っていると言っている。

第五回、治療者の夢を見たと言って、報告してくれる。〈わたしが面接に来て、ひとりで面接室にさっと入っていったら、治療者が誰か女の人と面接をしている。その女性は暗い感じで無表情、ボソボソ話をしていた。他の部屋で待ってくれるように治療者に言われる。その待合の部屋に記録が置いてある。その後、面接室に行く。すると治療者がこれからは両親のことをテーマにしぼって話していきましょうと冷たく言うのを聞いて、腹を立てている。〉

筆者は、治療的な関係をつけていく困難さを感じるとともに、夢のなかに治療者が現れていることで、クライエントが問題を考えていくうえで、治療者が意味ある存在となってきていること感じている。

第六回、また夢を報告している。〈わたしがO先生と治療者の二人の前で面接を受けている。ある人を殺したと告白している。二人はわたしをなだめてくれている。そこにそんな情景を見ているもう一人の自分がいる。場面が変わり、わたしはどこかの知らない商店街を歩いている。三人組が向こうから歩いてくる。三人を刀で切ってしまう。また、O先生と治療者のところに行き、二人になぐさめられ、さとされる。その時、自分が人殺しをしたのは、わかってくれないからだと思った。〉O先生は、Eさんが大学で授業を受けたことがある先生で、あとで個人的に話したとき、対応がすごく冷たかったという。

治療者が、この夢は現在の治療者との関係のあり方を示すとともに、治療者に限らず他者との距離のとり方がうまくないクライエント自身のあり方を示している気がすると言うと、Eさんはうなずいている。そして、つき合っていた男性と別れたという。

第七回、男の人をふる夢を報告。治療者に、住んでいる所や今までに悩んだことないかなどきいてくる。筆者はなるべく正直に答えている。

第八回、田舎のこと、両親とのことを改めてくわしく語っている。

第九回、夢〈飛行機で田舎に帰る。両親が飛行場まで迎えにきてくれている。家にもどり、父親と二人で親友について、語っている。〉少しずつ両親との問題について目を向けてきているかと思っている。

第一〇回、家に帰ったという。両親が夫婦喧嘩している。二人が喧嘩すると、自分が不安定になる。安心できない。肩の力を抜いて人に甘えられない。すごく気を使っている。本当に安心し気を使わずにゆったりできる対象を男の人に求めていたようだ、と語っている。

その後の経過と考察

一〇回の面接の後、何度か面接の約束をするもののキャンセルが続き、その後、Eさんから手紙がくる。その内容は、やはり治療者とは心の底から話す気になれない。でも、一〇回来て、自分について、両親について考えるきっかけになったと思う。また、自分について考えてみようと思ったら、その時はお願いします、ということだった。

いちおう、以上のような経過で終わっている。この一〇回の面接は、彼女の手紙にもあるように、治療者自身まったく意味がないとは思わないが、治療者が面接を始める前から無意識的にもっていた、クライエントに対する善意、なんとかしてあげたいという感情が、この治療過程を引きずってきたのではないか、とも考えられる。

クライエントは初回から治療者に対し、「話しにくい」と言っている。治療者としては、そのことがまさにこのクライエントの側の問題であり、そこをこの治療関係のなかで取り扱っていくことが治療になると考えていた。その可能性は確かにあると思うが、それ以上に、治療者側に善意の押し売り的な隠れた感情があったのではないかと思われる。そして、その裏には、若い女性であるクライエトを興味の対象と見ようとする逆転移の問題が確実に存在していたように思われる。そのような治療者側の問題がもしないなら、あるいはそれをもう少し意識化していたならば、治療者とは「話しにくい」と言うクライエントに対し、素直に別の治療者を考える余裕があったと思われる。それが、まったく思いつかなかった治療者には、確実に今述べたような逆転移の問題があったように思われる。さらにいうと、そのような治療者の問題を初対面で察知したクライエントが、その場で率直に、治療者とは話しにくい、というかたちで指摘しているように思われる。いずれにしても治療者側の問題が、関係を切れがたくしていた面が確実に存在していた。

この経験から筆者が学んだことは、自身が治療を続ける選択の自由度をもつことの重要性である。ユングは、馬が合わない人は躊躇なく同業者に紹介している。それはクライエントのためであり、無理してやってもたいして効果がない（ユング 一九七七参照）と語っているが、特に治療の初期において、治療をやめる自由度を治療者自身がもっていることも大切なことではないかと思われた。

3 逆転移の知覚の治療的利用

次は治療者がクライエントの夢を見ることをとおして自覚した逆転移の問題が、治療をすすめるうえで役立った例を取りあげ、逆転移の治療への利用について考えてみたい。このケースの経過については前の章で詳しく述べているとおりである。

ケース③[2]：N、大学四年生、男子。

主訴：汗が臭うことを恐れる。自己臭。

治療者が出会うまで、Nは実にさまざまな治療機関に関わっており、精神分析的治療、森田療法も体験していた。

治療者の夢

筆者は夢を中心にNの問題を扱っていこうと考え、毎回その週に見た夢を書いてきてもらい、それについて話しあうかたちで治療をすすめていた。

第一六回の面接の後、治療者のほうが次のような夢を見ている。夢①〈Nの面接にクリニックに行く途中で彼を見かける。先回りしていくと、クリニックの建物が跡形もなく壊されており、さら地になっている。困ったなと思いつつ、今日は喫茶店にでも入って話をしようと思っている。〉

一週間後の治療者の夢②〈自分の家の引っ越しをしている。二階建ての大きな家の二階を間借りするようである。どうもその家を紹介してくれたのがNのようである。大家には二〇歳ぐらいの娘さんがいて気さくそうな感じである。このような女性が居れば、うまくやっていけるかなと思う。ところが二階に行くと、これが大きな石の家、真ん中が吹き抜けになっており、大きな公園の中庭のよう。その一角にマットが六枚敷きつめてある。隣との仕切りの壁もなく、筒抜けである。湿気もあり、かびがすぐに生えそうである。こんなところにはとても住めないと思う。よく考えたら、まだ正式契約は何もしていないと思う。口約束だけである。いろいろ苦情を言って、断ろうとしている。Nは今までここに住んでいたようだ。たいへんだったろうと思っている。〉

夢①はクライエントとの面接の枠が「守られていない」状態。本当なら相当に動揺するだろうと思ったが、夢の中では比較的落ち着いている。夢②は筆者がクライエントの世界=家に入っていっているが、それはたいへんな世界であると思い逃げようとしている。かれの問題をどこまで引き受けられるか当惑している側面を表わしているように思われた。

第二〇回の面接の後の治療者の夢③〈Nの面接をしようとするが、面接室が工事中で壁が突破られて、カーテンで仕切られている。隣の面接室との間のみ壁が残っている。そこは防音の立派な壁である。そちらの部屋では年配のO先生が面接をしている。〉夢①と共通するテーマ、どこかこのクライエントとの治療関係が「守られていない」感じを治療者自身つよく感じている。そして、さらに治療者自身どこかでA先生を頼りにしようとしているが、それがまったくできない状態にいることが理解できた。

第二五回の面接後の夢④〈面接場面で、Nが横になりたいといって、椅子を二つ並べて背を治療者に向けて横になる。治療者がギョッとしていると、そういう状態で包みこまれているようだという夢を報告している。〉この夢はまさに治療関係を表わしている夢であり、クライエントの治療者に対する依存性のあらわれとそれに対する治療者自身の受け入れ難さを表わしているように思われた。

その後のクライエントの動き

その後、初めて周囲を意識するきっかけとなった、彼を叱りつけた小学校四年の時の担任に対する恨みの感情が表出され、さらに、かかりつけの病院の医師とちょっとした問題を起こし、治療者に対する不信感や何もやってくれないという不満が表出してくる。「自分は大学病院でないと信用できない。ここは医者でもないし、なにかだまされている感じがする。お金だけとって何も指導してくれない。まあ、よくポスターなどのある何とかクリニックよりは年配のO先生は信頼できるが、先生はわからない」と語っている。

これだけストレートに治療者の専門性や権威について疑問を指摘されると、治療者自身、相当に不安と動揺を呼び起こすものであるが、治療者の夢①、③などの内容が支えてくれていた面があったと思われる。

その二日後、クライエントから電話が入る。「ある病院で見てもらい、対人恐怖の専門病院を紹介すると言われた。親に話をしたら、きちんとした医者にかかるほうがいいのではと言われたが」と語っている。治療者は、自分自身が心理療法の専門家としてのあり方がまさに問われている感じがした。まさに彼と会うための建物や空間がない、守ってくれる空間も人もいない状態の中で、わたしという自分だけが彼に直面している、そういう自分自身が問題になっていると思われた。筆者は「どうするかは自分で決めてくれ、いずれにしてもN君の苦しみはだれも背負ってやることはできないと思う」と言っている。結局、彼は薬だけその病院で出してもらい、筆者との治療を継続することになる。そして最終回の面接では、「今までよく続いたと思う。少し先が見えてきた。症状は完全によくなったわけではないが居直った気持ちが出てきた。ここに来る前は精神分析にこだわり回り道をしたように思う。結局、操作的に何療法をされてもよくなるものではないことがわかった。ここでは自分で話すことの大切さがわかった。症状は完全によくなったわけではないが、今はやるしかないと思う」と語り、治療は終結している。

小考察

このクライエントにとって、権威＝家からの独立という課題が、一つのテーマとなっていたように思う。病院に対する不信感を強くもつ反面、大学病院や大きな総合病院しか信用しないという矛盾した感情の中に、まさに家からの分離・独立の問題を、その伏線として読みとることができる。そして、このクライエントがそのような問題に直面するのと並行したかたちで、治療者は、まさに権威や肩書きに依存しない一人の心理療法家としての独立という課題に直面化させられていたように思われる。そして、治療者が夢の中で体験したことは、治療者自身の問題を考えるのと同じく、この治療関係を支えていくうえでも大きな意味がある内容であったといえる。

4　まとめ

ここでは、心理療法における治療者側の無意識的な問題、つまりは逆転移の問題について、出会った三つのケースについて、臨床経験に沿ったかたちで、そこで直面した問題を取りあげ、分析している。筆者の個人的体験ではあるが、いずれの問題も、治療者とクライエントとの関わりにおける平等性と治療者の専門性に関わる内容を含んでおり、多くの臨床の経験者に共通する問題と考え、ここであえて取りあげてみた。

一つ目は、臨床をはじめた頃の初心者が直面することが多いと思われる、クライエントの理想化した転移に対し、それを引き受ける価値が自分にはないのではないかと考える罪悪感の問題を取りあげている。第二点は、異性のクライエントに対する個人的な関心の問題である。それは、異性への興味や関心の感情を抑圧した善意の押し売りになってしまっている。そのような場合、限界をふまえて、治療者を交替する自由度を自覚しつつもっておくことが重要だと指摘している。三つ目の点としては、治療者の見る夢が、治療者自身の個人的問題を意味しているとともに、そこには確実に治療関係を含めたクライエントの問題と絡めてみていく視点をもつことが治療において有効だと指摘している。

注

（1）この論文の要旨は、関東地区心理臨床学会研修会（一九九二年三月二〇日）において発表したものである。

（2）このケースについては、『山王教育研究所年報』一号（一九九〇年）において「治療者の経験から見た心理療法過程について」という題で、すでに発表している。

文献

小此木啓吾　一九九二「精神分析の役割はもう終わってしまったのか」『マインド・トゥディ』創刊一号。

山中康裕　一九七八『少年期の心』中央公論社。

ユング、B・G　一九七七『無意識の心理』高橋義孝訳、人文書院。

ラッカー、H　一九八二『転移と逆転移』坂口信貴訳、岩崎学術出版。

解題

この章は、第五章とも重なる部分もあるが、逆転移の自覚という枠組みから、三つのケースについて、述べている。はじめの二つのケースは、まだ二〇代半ばの私自身がまだ初心者時代の体験をまとめたものであり、いささか恥ずかしさとほろ苦さを感じた体験となっている。このような体験は、あえて逆転移という専門用語を使わなくても、まだ一人の成人としても社会人としても途上にある心理臨床を学んでいる者にとって、当然直面する課題であるかと思われる。

第七章　教育分析、スーパーヴィジョン、コンサルテーションという支援

はじめに

本論の課題は、セラピストという対人援助の専門家が、心の健康を維持するうえで、教育分析、スーパーヴィジョン、コンサルテーションという三つの支援に、どのような効果があるか、ということである。専門的な立場にいる人への教育分析やスーパーヴィジョンなどを長年にわたって実践している経験豊かな大家といわれる人ならば、自らの経験を一般化し、体系的に語れるかもしれない。しかし、筆者はまだ迷いが多くこころの専門家としても途上の者である。多少は、専門家の養成に関わる立場にいるが、今ここで語れることは、ごく狭い自分自身の個人的な体験を通じて、それぞれの支援的関わりが、「わたし」という支援される側の人間にとって、どのような意味があったかである。一つの事例として、何がしかの素材を提供できればと考えている。

教育分析、スーパーヴィジョン、コンサルテーションという三つの関わりでは、当然であるが、その支援対象者との関わり方の深さが異なっている。コンサルテーションは、支援するセラピストがク

ライエントとの関わりの中から生じてくる事柄を問題にするのであり、一次的にはクライエントの支援を考えることになる。そのうえでの専門家のこころのあり方が、どのように影響するかということを考えることになる。

明確にセラピスト自身の問題を、支援の場で取りあげるのが可能になるのは継続的なスーパーヴィジョンだろう。セラピスト自身の問題は、一般的には逆転移という言葉で括られる事柄である。しかし、スーパーヴィジョンにおいても、結局クライエントの支援を最優先に取りあげることになり、支援者側の問題は、課題としての自覚にとどまるのではないだろうか。もちろんその気づきから学ぶ点は多くあるが。

それに対し、教育分析は、直接的に専門家のこころの問題を扱うわけであり、まさに「わたし」の問題を考えていくことになる。そこで、どこまで深く自分の問題や課題を考えていくかは、その時の本人の問題の内容や意欲、さらには分析する側との直接的な関係のあり方によってちがってくるだろう。さらに自分がいまライフサイクルの中で、社会的な立場も含めどのような位置にいるかということが、この問題に取り組むうえで、大きく影響すると考えられる。ここでは私自身の臨床経験を年代に沿って、取りあげてみたい。

1　はじめてのケース——コンサルテーションから

よくいわれることであるが、イニシャルケースとの出会いは、その人のその後のセラピストとしてのあり方に大きな影響をもってくる。私にとって言葉によるカウンセリングとしてはじめて関わったケースは、対人緊張があり、頻尿で困っている中学三年生の男子であった。初回の面接場面では、互いに相当に緊張し、固くなった雰囲気での出会いであった。それでも症状のことを必死で語ってくるクライエントにかなりの好感をもっている。その一方で、くり返し症状について語る態度が、言い訳がましいようにも感じられた。

三回目の面接では、どこか症状に逃げている面はないか、とまで言っている。この点を、あるケース検討会で初めて提出したとき、コメンテーターに、このクライエントの気持ちをまったく汲んでないと指摘され、何とも答えられず、詰まった経験をしている。クライエントの気持ちにまったく共感できていない対応の問題をくり返し指摘するコメンテーターに、今ケースを出しているわたしに気持ちにまったく共感してもらえてないという気持ちもあった。その裏には、わたしがコメンテーターに頼ろうとする依存や、そのまま受け入れてもらいたいという甘えもあったかと思われる。一言一句クライエントとのやり取りに、いかに相手の気持ちに沿えていない応答をしているか厳しく指摘され、自尊心がひどく傷つけられたように感じていた。

後でふり返れば、このことは自分のもっている神経症的な防衛の殻に気づく体験になったように思う。読みかじりの理論を振りかざして、わかったつもりになってクライエントを分析し語ろうとする者に対して、クライエントがどのような気持ちでいるかということを厳しく問うことは、私にも今では時々あるが、それはこのはじめての経験によって身についたように思う。この経験から、こちらの問いかけに、言葉に詰まり四苦八苦している発表者には、「いま感じている苦しみがクライエントの気持ちを理解する大きな手がかりになるかも」と、老婆心ながらフォローをするようにしている。

このケースでは、その後、高校入試が近づくにつれ、頻尿がひどくなり、学校にも欠席しがちになっていた。初めて提出したケース検討会では、このような現実に対し、どう対応したらよいかという指導をコメンテーターに求めたい希望があった。その頃、夢でも悪い内容ばかりであるといって、クライエントが語ってくれた夢がある。それは〈親方の指図で肉体労働を必死でしている自分があり、そのことに嫌だなと思っている〉という内容であった。この夢の内容を聞いたコメンテーターは「この子は力がある子だね」と独り言のようにいうが、何をどうしたらよいかという指示は何も言ってくれなかった。

このケース検討会の後、入試が近くなってきたある日、クライエントは、どうなるやらと心配しながら待っているわたし＝セラピストに、たまたまラジオの番組で不登校の特集をしたものをテープに録音し持ってきた。そこでは学校に行けない子どもの話が語られており、その内容についての感想を自分と比較して語るようになる。緊張してトイレが近いという症状は解消しなかったが、面接では、もっぱらそのラジオ番組の話題が取りあげられ、不登校の話をとおして自分のことを考えるようになっていく。面接の場面が、現実の困難さを語る場から、彼自身の内的な関心をもった世界を語る場になっている。夢を話したことが、この子が自らの内的な問題に取り組んでいける力があることを示しているという、コメンテーターの予想は、私にとって非常に印象的な指摘となった。心理臨床は決して、現実への対応を求められ、そこに回答することだけではないことを学んだ気がしている。しかし、それがわかるようになるのは、いま少し後のことであり、とりあえず発表の時点では、自尊心の傷つきばかりを感じていた。それが専門家への第一歩の気づきであった。

2　スーパーヴィジョンから学んだこと

臨床経験も五、六年になると関心のあるクライエントの問題が少しずつはっきりしてきた。自分自身の問題への客観化も多少はできるようになったように思われた。その頃対人恐怖に関心があり、そのような問題を主訴とするクライエントをよく担当していた。自分の中に同質性を見いだし、関心をもったともいえる。そのなかの一人に理系の男子大学生がいた。彼は私と出会うまでに、かなりの治療機関をまわっており、著名な先生に診てもらった経験もあった。私は、二〇代後半の大学院の博士課程後期に在籍しており、若さと熱心さだけを取り柄に取り組んでいたように思う。彼の希望で週二回会っている時期もあった。このケースは民間の心理相談室で担当しており、多くのクライエントはその相談室の主催者の先生の著書を読んだり、紹介されたりして来談していた。このクライエントもその一人であった。(このケースについては、本書第五章、六章でも取りあげている。)

このような構造の中で、若輩の私が会うことが、要求水準の高いクライエントにとって軽く扱われているという不満を感じさせるところがあった、と考えられる。そして、私との関係の中で、この問題をどう扱うことができるかがセラピーの大きな課題になっている。それは私自身が直面していた課題とも大いに関わっていたように思う。その頃、私自身は、このクライエントに関わる夢をいくつか見ている。その一つは〈彼と面接するためにクリニックに行くが、クリニックの建物が壊されてなくなっている。これは困ったと思いつつ、近くの喫茶店で会おうと思っている〉であり、もう一つは〈クリニックで彼と面接しているが、周りは薄いカーテンで仕切られ、隣で面接しているクリニックを主催する先生との間だけは厚い壁になっている〉という夢であった。クリニックの主催者でありスーパーヴァイザーであった先生と私自身との関係のあり方が、このケースとの関わりをとおして明らかになっていた。この夢は、その後、クライエントが激しくぶつけてきた疑問や不信に対処するうえで、大きな指針となったように思う。「主催者の先生は信用できるが、先生は若すぎるし信用できない」とはっきり言われたこともある。スーパーヴィジョンを、別の先生に頼んで指導を受けていたが、ケースをとおして、自分自身とこの主催者の先生との関係を、夢を手がかりに知ることにもなった。これは私自身にとって、専門家としての自立の課題に直面させられていたと考えられる。

3　教育分析について

心理療法を専門的に学ぶうえで、いつかは自分自身、分析を受けたいと思っていた。それは心理臨床の道を志そうと思いはじめた頃からの望みであった。フロイトやユングなどの、無意識に関わる心理療法の本質を学ぶには、その道を極めた先達の指導を受けて自分自身をふり返る教育分析の体験が重要であるとは常々聞いていた。そのような営みを理想化していた面もあるが、そこに体験的に引き継がれている心理療法の本質を自分なりに学んでみたいという期待があった。

自分の周りを見渡して、この人になら分析を受けたいと思える信頼できる臨床家は、二十数年前は今ほどいなかったと思われる。縁があってスーパーヴィジョンを受けていた先生に分析を頼むことにした。その頃、私はちょうど三〇歳になっており、その先生はすでに七四歳であった。一九五〇年代の初めにアメリカで新フロイト学派の精神分析を学び、カレン・ホーナイの直接指導を受けた最後の弟子といわれる人であった。しかし、そういう経歴や立場から浮かあがる理論より、とりあえずこの先生に自分のことを話してみたいと思っていた。

最初に説明を受け、簡単な自分の生育暦の概要を話した後は、寝椅子に横になり「どうぞ」という言葉から分析が始まっている。寝椅子に横になり話す場面でも、想像していたような厳しい沈黙はなく、先生も自由によく話をしていることに驚いた。分析家とは、こんなによく話すものかと思ったし、その言葉によって包みこまれているような体験をしていた。徐々に、心から受け入れられたという感覚、その懐に抱かれたような感覚をもった。それは、自分の中にあった、わずらわしく思っていた生まれ故郷の田舎や家族、親族との濃密な人間関係の体験を連想させるきっかけになった。自分を形成している社会的、文化的、さらには親との関わりについて、拒んでいた情緒的な交流について、回数を重ねるごとに風通しがよくなったように思う。

しかし、そのような体験をしつつも、この先生の基礎となっている理論を学ぼうという気持ちはあまり沸いてこなかった。先生もあえてそういう指導をすることはなかった。ただエピソード的にカレン・ホーナイや鈴木大拙の話題はよく出てきていた。時々日本的な悟りや自我という話になると熱をおびていた。今からみるとずいぶんと貴重な話をしていたように思うが、その頃は、もう少し学問的な理論への関心や現実的な立場へのこだわりが強く、この先生の考えについていけないと思えるときもあった。いろいろと先生の姿勢に対する疑問を感じ、問うこともあったが、あくまで受容的であり、それがまたもどかしくも感じられる時もあった。現実には、自分の立場では研究論文を書かねばというプレッシャーもあったし、心理臨床の学会を職場である大学が引き受けることになったために、大変な雑用に追われる状況に直面させられた時もあった。分析場面が、愚痴をこぼす息抜きの場になっていた時もあった。自分のやりたいことと現実的にしなければならない社会的な立場の要請に、大きな葛藤を日々感じさせる面があった。本来的に自分で学びたいと思っている心理臨床の実践は、当時はまだ職業的には成立しにくく、臨床心理士という社会的なアイデンティティも今ほど明確にはなかった。心理学の専門家として取り組まなければならない研究と臨床家としての立場のギャップもあり、その二つをどう自分の中で折り合いをつけるかということが、課題でもありストレスでもあった。

分析が六年目になった時、職場も新しく変わることになり、いちおうこのへんで終わりにしようと思うようになった。先生も「君の夢を見て、まあひとりでやっていけそうだと思えた」と言い、終わることになった。夢に見たから、それでおしまいというのもいい加減な気もしたが、そういう話が通じていた。その頃先生は八〇歳になっていた。

最後に、「君は、そこそこの臨床をやっていけると思うが、もう少し年齢がいってから、またぜひ分析を受けてみるといいね。その時に、本当のリアルセルフということを考える時をもつように」と言った。また「Self-realization とは自我を超えたものであり、それはイメージでなくて体験だよ」とくり返し語っていた。頭では何となくわかるのではあるが、三六歳の私に、まだそういう課題に取り組む準備ができていないことは、なんとなく解っていた。現実的レベルにおける社会的な立場や役割に目を奪われている自分がいた。「そういう時になったら、またお願いします」と言って終わっている。

4　その後の教育分析

自分が四〇代の半ばにいたって、いろんなことで壁にぶつかる。個人的なことでも、また仕事のことでも、いろんな行き詰まりや問題に直面することが重なって起きていた。その頃、最初のスーパーヴァイザーが亡くなり、教育分析を受けた先生もすでに末期がんの状態であった。だれにも心を開いて話すことができないように思われ、閉塞した気分を感じていた。

その頃、たまたま大学側から順番が当たり留学のチャンスがまわってきた。藁をも摑む気持ちで申請し、一九九九年の一〇月から二〇〇〇年の一月までイギリスに行くことになる。出発の半年前に、教育分析を受けた先生は亡くなっていた。留学は、三カ月と少しの間であったが、貴重な機会となった。その目的はただ一つ、向こうで分析を受けることであった。外からみれば、優雅な短期留学であったが、私にとっては、必死の覚悟もあったように思う。大学院時代からの知り合いが十年近くロンドンに住んでおり、ユング研究所に所属しながら心理臨床の実践をしていたので、そのつてを頼って、私と相性の良さそうな分析家を紹介してもらい、ロンドンに行く前からコンタクトをとっていた。どんな人かわからず、自分の語学力で分析的な関係が成立するのかという不安もあったが、とりあえず飛びこんでいった。

分析を始めた頃、こんな夢を見ている。〈私がタキシードを着て、ロンドンの古い建物の骨董店に入ろうとする。入り口にホームレスがいて、私のズボンにタバコの火で穴をあけている。私は腹を立てて怒っているのに、にやにや笑っているだけ、なんとものれんに腕押し状態であった。だめだと思い、これでは入れないと思い、入らずに出て行く。〉海外で分析を受ける自分の構えを端的に示していた。しかし、さらに続けて見た夢は次のような内容であった。〈ユング研究所の一週間ワークショップに参加している。適当に途中でサボってロンドン観光にでも行こうと思っているが、そのワークショップでの議論に自分が参加し、英語で思いきり話している。こんになに自分が人と真正面から議論したことは今までになかった。〉どうも私の夢は分析に対し、相当に積極的に動いてきているように思われた。

夢を書いて持っていくという分析の構造は、語学に自信のない私にとって、分析家にこちらの伝えたい内容をあらかじめ用意できる利点があった。これを寝椅子で自由連想しようとしても、私の英語力ではどこまで言葉で表現できるか自信もなかったが、いざ始めてみると、その場で思いついたことを思った以上に自由に話せた気がしている。

この分析家はチューリッヒで訓練を受けたユング派の分析家であった。一番好感をもてたのは、自分の体験をじつに率直に語ってくれるところである。日本人を分析するのは初めてであるが、ブラジル出身であり、日系人の友人がいたことも語っている。わたしの夢から自分が連想することをじつに率直に、自分の個人的な体験や自分の見た夢なども含めて、さらには神話やユング、直接親しく指導を受け懇意にしていたというフォン・フランツの本や彼女から聞いたエピソードを引用して語っていた。しかし、最終的にはしばらく考えて「お前の夢はよくわからん」とよく言っていた。さらに「この夢はいい、この夢は好きだ」という言葉が自然と出てきていた。これには非常に好感がもてた。

かつての先生との分析の体験と、共通するものを感じていた。それは分析家の自由な姿勢である。年齢は私よりおよそ八歳年上のこの分析家に対し、まったく社会的な立場や関係を気にすることなく、自分が今まで感じていた先生という感覚をもたない関係で話ができている気がしていた。「もし機会があったらまた来い」と言われた。私の夢の中に出てきた日本の仏教や神道に関わるお祭りやお葬式、お盆などの儀式的な夢は、分析家の興味を掻き立てたようであった。それから、毎年九月に二週間程度、ロンドンに行って分析を受けている。あわただしい日常生活のなかで、ゆっくり考える時間のないままに記録している夢のノートを、行きの飛行機の中で何度も読みかえし、印象的なものを分析の中で取りあげるようになっている。一年間の自分自身をふり返る機会となってきていた。

二〇〇二年は、古い友人を二人亡くした年であった。その年の分析で取りあげた夢に以下のようなものがある。〈かつて日本で分析を受けた先生のお墓参りをしている。墓石の前に供えてあるメロンが腐っており、非常にわびしく感じられ、涙を流している私がいる。すると天から先生の声がして、こっちの世界もなかなかいいものだよ、と言っていた。〉これを報告すると分析家は、よくわかるとうなずいていた。自分の体験していることが、少し繋がってきたようにも思われた体験であった。いつまで続くかわからないが、今しばらく、この分析は続けたいと思っている。それが自分にとって、心の健康の維持に役立っているようだ。

＊　この文章の後半、教育分析についての要旨は、日本心理臨床学会二四回大会シンポジウム一三「セラピストが研修としてセラピーを受けること」（二〇〇五）についての発表内容をまとめたものである。

文献

永井　撤　一九九〇「治療者の経験から見た心理療法過程について――対人恐怖の問題を中心に」『山王教育研究所年報』一号、五八―六五.

――――　一九九七「或る先生の死」『このはな心理臨床ジャーナル』三号、七四―七七頁。

――――　一九九九「近藤章久先生について」『このはな心理臨床ジャーナル』五号、一三八―一三九頁。

解題

自分の受けたセラピーの体験を人前で発表したのは、北山修先生が企画、司会をされた二〇〇五年の京都での第二四回の心理臨床学会でのことである。このシンポジウムで発表したことが、この文章を書くきっかけになっている。そこでの発表は、私にとって自分自身の体験をふり返る良い機会となった。自分がどのような臨床をしているのか、どういう立場で実践を行っているのか、確かめられた気がする。本章で述べられているような、あるいはこの本全体に書かれているさまざまな人との出会いによって、私が形成されてきたと今では、はっきりといえそうである。このシンポジウムがなければ、このような本に、まとめようと思う気にもならなかったのではないかと思われる。機会を与えてくださった北山先生に感謝するしだいである。

第八章　指導者との関わりをふり返って

はじめに

　ここでは、私が臨床を志すようになってから、指導を受けた先生について、その死を追悼して書いた二つの文章を取りあげたいと思う。第五、七章でも取りあげているように、私にとってクライエントとの関わりと同様に、この二人の先生は、自分の臨床家としてのあり方を形成するうえで大きな影響を与えたのではないかと思っている。存命中には、決して良い関係だけでなく、さまざまな葛藤も多くあった。今自分自身の歩みをふり返ってみると、この二人の先生と私との関わりは、私という人間の自己形成にも大きく影響したと思われる。やはり人は人との関わりで形成されるものであるということを実感している。

1　小川捷之先生の死

昨年（一九九七年）は、身近で接していた心理学の先生の死が、相次いだ。そのなかでも上智大学の小川先生の死は、感慨深いものがあった。一二月六日の明け方に電話があった。横浜国大時代の後輩からで「今、虎ノ門病院にいるんですけど、小川先生がもうあぶないようなんです」という内容であった。まだ薄暗い中を、始発電車を待って、病院まで駆けつけた。まだ、乗客も少ない、始発の電車に乗るのも、ほんとに久しぶりだなと思った。多摩川を渡る頃には少し明るみはじめた外の風景をぼんやり眺めつつ、もう二〇年以上にもなる先生との関係についていろいろと思い出していた。

先生が上智大学に移られ、学会や臨床心理士会などの役職について活動するようになってからは、だいぶ疎遠になっていたように思う。上智大学には、私自身非常勤で毎週、教えに行っていた。この担当科目は、横浜国大に先生がいた頃、担当していた科目であり、それを引き継いだのであるが、六年間教えに行っていて、一度も先生の研究室を訪ねたことがなかった。昨年九月に上智大学で心理臨床学会が開催された時見かけたのが、二年ぶりであったかもしれない。ちょうど台風が東京を直撃しており、新幹線が止まって出席できない座長や発表者がいるなど大変な混乱のなかでの、座長の打ち合わせ会の場であった。騒然としたなかで、先生を見かけてぎょっとした。これが、あの小川先生……という感じで、あまりにやせた変わり様に声もかけることができずに軽く会釈をするだけであった。いろいろと話には聞いていたが、体調が思わしくないことは一目でわかった。こんなに無理して、学会などやらなくても、というのが無責任とは思いつつ正直な気持ちであった。

小川先生と心理学との出会い

私が大学に入ったのは、一九七三年であった。七〇年前後の学園紛争の時代は終わったとはいえ、横浜国大にはまだセクト間の紛争が燻ぶっており、鉄パイプによる暴力事件が時たま起きていた。その頃の小川先生は、学生活動家のタイプを研究したり、エリクソンの自我同一性の本を翻訳したり、対人恐怖の研究をしたり、なかなか精力的に研究をしていたように思う。

学部二年の臨床心理学の授業（休講もよくあったが）のなかでは、フロイトの精神分析の話を中心に取りあげ、他の教師が心理学の実証科学性を強調するなかで、自分自身を知る手がかりとしての心理学を語っていたことが、印象深く残っている。あの頃の小川先生は、まだ三〇代後半であり、なかなか刺激的で光っていた。今の自分はもうその年をかなり超えた年になっている。学部の三年から先生のゼミに入ったわけであるが、ゼミ生にはドロップアウト的な学生が多く、コツコツまじめに勉強するタイプは少なかった。

その頃から、小川先生は山王教育研究所で臨床セミナーを始めていた。その後、学部を一年留年した後、卒業したものの、その先が決められずに悶々としている私に、山王を手伝ってくれないか、と声をかけてくれた。漠然と大学院に行ってみたいとは思いつつ、本当に心理学を勉強したいのか、それだけの能力が自分にあるのか、いまひとつ決めかねている時の誘いであった。

留年してモラトリアムを一年延長していた同期の連中が社会人や大学院生になっていくなかで、なんの生活の保障もなく月に数回のセミナーと、まだほとんど相談に来る人もいない山王教育研究所は、いわゆる心理臨床の研究所とは、ほど遠いものがあった。時代が、お金を払ってまでの心理療法の必要性をまだ求めていなかったのかもしれない。それでもいろんな講師を招いてのセミナーは自分にとって非常に勉強になった。その頃、すべてのセミナーの司会を小川先生がしていたのであるが、その最後のまとめと感想がじつに鋭く的確であったことに感心していた。なかには講師の話よりそちらのほうが面白く理解が深まるようなものもあったように思う。

その後、臨床の現場を体験するようになり、実践を積むようになると、やはり今までと異なる先生の姿が徐々に見えてきた。その頃から少しずつ距離をとるようになってきた。この先生のペースに巻きこまれてやっていたら、自分を見失ってしまうのではないかという疑問が出てきた。先生には、非常に身近に関わっている人に対し、自らの体験や思っていることをすべてさらけ出して語るところがあった。そのため、さまざまな物事を知らないうちに先生のめがねで見てしまい、先生に取りこまれているように思うことが時々あった。ちょうどその頃、先生がサバティカルでアメリカに一年行くことになり、私も都立大学の大学院に入ったため、距離をとるにはよい機会となった。しかし、心理的レベルでの影響というものを自覚するのは、いま少し後のことである（その内容に関しては、第五章の事例との関わりで、詳しく述べているとおりであるし、前の章でも少し触れている）。

ここ一〇年ぐらいは、時代も変わり、心理臨床は社会的にも注目を浴び、専門家としてのニーズも高まってきたのではないかと思われる。一九九一年に横浜国大から上智大学に移られてからの小川先生は、心理臨床の学会や臨床心理士会などの中心的な役職を担ってきたのではないかと思われる。この時期から先生は、全国区の人となった。その功績について、追悼文が学会誌やニュースレターに載っているのを読んで、あらためて全国的な人になっていたのだとしみじみと思った。横浜国大を辞めて、上智大学に移る時の歓送会は、横浜のディスコを貸しきって、ドンちゃん騒ぎのパーティであった。しんみり送られるのが耐えられなかったのかもしれない。横国大にカウンセラー養成課程ができて、まだ一期生の卒業を出さないうちの転任は、横国大関係者には複雑な思いがあったように思う。いろんな事情が絡んでいたのは確かであるが。

私自身は、その頃から、年賀状のやりとり程度の関係になっていたが、上智大に移ってからの先生の社会的な活動の広がりは、相当なものがあった。本心から望んだことなのか、周囲に押されてノーと言えないためなのか、わからないが、社会的に偉くなればなるほど、初めて会った頃の刺激的な姿はあまり感じられなくなっていったようにも思う。現実的な対応に心身ともにすり減らしていたのではなかと思う。

四年ほど前に私が都立大に戻ったとき、「また山王研究所を手伝ってくれないか」と頼まれたことがあった。その時の心境としては、やっと独立した息子が、親の仕事を手伝ってくれと呼び戻されたような心境であった。「自分の仕事が軌道に乗るまでは、ちょっと今は時間的な余裕もありませんので」と言って断っている。その時は、私の薄情さを周囲にだいぶ漏らしていたらしい。それはそれでいいと思っていた。それから二年ほど過ぎて、私が初めて書いた本が出た時、ある雑誌に、先生が書評を書いてくれているのを発見した時は驚いた。何ともいえない、罪悪感に近いような感情もあったようにも思う。すぐにお礼のはがきを出したが、それが最後のやりとりになってしまった。

そのはがきをかきながら、先生が還暦を迎えるころには、自分でこだわりなく話ができるようになればいいのであるがと思っていた。以前、河合先生が山王の講演で言っていた、本当に独立した親子は親しく話ができるのであって、親を無視したり自然に話したりできないのは、まだ独立しきれていないからだ、という言葉が思い出されていた。

小川先生との別れ

地下鉄の虎ノ門の駅から地上に出てみるともう明るくなっていたが、人通りはまだ疎らであった。病院に着いてみると、すでに山王教育研究所のおもな関係者が集まっていた。夕べから来て寝ずに見守っていた人もいた。先生はもう自分で呼吸をする力はなく、人工呼吸でかろうじていのちを維持している状態であった。かろうじて心臓が動いていることを示す画面を見ながら、「ご臨終です」という若い主治医の言葉をどう受けとってよいやら戸惑うばかりであった。しかし、そこにいる小川先生の寝顔は、わずらわしい現実の雑務から解放されて、どこか安らかであった。その横で、私など想像の及ばないくらい悲痛な思いでいらっしゃるであろう奥様が、何と挨拶したものやらと戸惑っている私に対し、穏やかななかにやさしい笑みを浮かべられ、かつての横浜国大時代の思い出話をされて、こちらが慰められるような失態を演じてしまっている。

その後、イグナチオ教会のリバス神父が来て、もう目覚めることのない眠りに就いた先生を囲んで話をされ、全員で賛美歌を歌った後、「みなさんお別れの言葉を言ってください」と言われた。やはり神様に仕える人は、こういう場面では強いな、と思いつつ、先生の手を握りつつ「もう少し時間がたてば、先生ともまたゆっくり話ができる日が来るのではないかと思っていたのに残念です。今はどうかゆっくりお休みください」と言っている。このような場面がもてたことで、自分自身が少し救われた気がしていた。

年が明けて、小川先生に対する追悼文を読む機会が幾度かあったが、多くが学会や臨床心理士会での活動の功績を称える内容ばかりで、昔の姿を語る内容がほとんどないのを寂しく思っていた。こんな文章を書いてみようと思い立ったのも、そのようなことがきっかけであった。

その後、かつての都立大の恩師であり、現在は東京国際大学におられる詫摩武俊先生から電話があった。『心理学評論』で、「心理学の専門家養成について」という特集を組んだのが、もうすでに刊行されているのであるが、それは、一九九五年四月三日に日本学術会議が主催した「心理学の専門教育について――わが国および欧米の現状」というシンポジウムを下敷きにしてまとめた特集号であるという。そのなかの臨床心理学の立場からというテーマで、小川さんが書く予定になっていたが、病気のため次の号に掲載することになっていたという。ついては、そのシンポジウムでの小川さんの話を録音したテープがあるから、それを書き起こしてまとめる仕事をしてもらえないか、という話であった。その話を聞いたとき、これも縁かなと思い、快く引き受けることにした。それからすぐに、日本大学の大山正先生からテープを送っていただいたのであるが、実際にテープの声を聞いてみる勇気もなかなかもてずに、しばらくはそのままにしておいた。

三月も末になり、締め切りも迫ってきて、ようやくその仕事に取りかかることにした。テープの声はまぎれもなく聞き覚えのある小川先生の声であった。テープの先生の声をくり返し聞きながら、その要旨をまとめ文章化していく作業は、まさに共同作業であった。いろんな思いが自分の中に湧き起こってくる不思議な体験であった。小川先生の出てくる夢もいくつか見ている。そのなかの一つに次のような夢があった。〈先生と話をしている。その内容は、一二月六日の亡くなった時のことである。あの場面を自分はしっかり見ていたとしみじみ語っている。人は死ぬ時、臨終の場面をちゃんと見ているものだという。自分の周りに誰がいたのかもしっかり知っているし、一人ひとりの表情もしっかり覚えているという。ナガイがうわずった声で話しかけたのもちゃんと知っているぞ、と茶化すようにいたずらっぽく笑って言っていた。わたしは、まいったなあ、と戸惑いつつ、先生そういう話をあまりすると価値が下がりますよ、ときりかえしていた。〉

私としては、いい仕事を一緒にやらせてもらった気がしている。現実的には、疎遠な関係のまま終わってしまったが、再び出会う機会は、これからも夢の中ではあるのではないかと思われた。その時は、また刺激的なものを与えてくれるのではないかと思っている。

2　近藤章久先生について

一昨年に小川先生が亡くなり、昨年は実の父親が亡くなるという体験に直面した。そして今年（一九九九年）の二月三日には近藤先生が亡くなられた。昨年の夏にガンの手術を受けられて、秋にはだいぶ元気になられたという話を聞き（実際には、もう末期で開腹したものの手がつけられずにそのまま縫合したとのことであった）。一一月末の都立大学の院生ケース検討会で、お会いできるのを楽しみにしていたが、体調がよくないとのことで中止となった。その時、もしやと思っていたのであるが、結局その後、お会いする機会もないままに逝かれてしまった。

告別式の時、身内に方から、先生が生前翻訳された森田正馬の『神経質の本態と療法』の英訳本と生前使用していた筆記用具をいただき、「直接会っておわたししたいと言っていました」とうかがい、最後に会えずに逝かれてしまった先生のことを思うと悔やまれた。その本の中には、先生の毛筆による「永年にわたる御友情に感謝しつつ」という言葉のコピーが入っていた。

近藤先生との出会いと思い出

近藤先生に初めて会ったのは、一九七七（昭和五二）年九月の山王教育研究所のサイコセラピーセミナーであった。まだ私が大学四年の時である。その頃山王教育研究所では、月に一回、全国から著名な心理臨床家の先生を招いては、講演をしてもらうセミナーをやっていた。この年の夏明けから、セミナーを半分手伝いながら、参加しはじめた最初の講師が近藤先生であった。ちなみにこの年の一〇月には河合隼雄先生、一一月には鑪《たたら》幹八郎先生が来ていた。近藤先生の話した内容はほとんど覚えていないが、講演の後、懇親会での印象は鮮明に覚えている。カレン・ホーナイや鈴木大拙のことが身近な話題として語られていた。フルブライトの前身であるガリオア基金でアメリカに留学された時のこと、ホーナイとの最初の出会いについて語られたことなど印象深く覚えている。このセミナーの数年前、オスロで開かれた国際精神療法学会での、先生の講演が評判をよんだことなども話題になっていた。

それから数年後、大学院に入ったとき、近藤先生が山王教育研究所でグループ・スーパーヴィジョンをしてくれることになり、初めて自分のケースを聞いてもらうことになる。この時の体験は、自分が心理臨床を実践していくうえでの原点になったように思う。この頃は、先生を自分の中で相当に理想化した対象としてみていたところがあった。ただ先生の背景にある理論的・学問的なバックグラウンドには、確実に禅や浄土真宗の宗教的な素養があり、それを跡づけるかたちで学んでみようとする気は、あまりもてなかった。それは、学問的というより、体験に裏打ちされた知恵のようなものに思われた。だから、次のような神田橋先生のエッセイを読んだとき、多少の違和感をもった。

精神分析とは、という問いに各人が答えるような場面がときおりあった。記憶錯誤による歪曲をあらかじめ謝罪しておき、少し思い出を語ってみよう。土居先生が「精神分析とは Selbstkritik である」と言われたとき、わたくしの隣におられた近藤章久先生が「あれが土居君の限界なんだよ。ぼくに言わせれば、精神分析とは Selbstrealisation だ」と言われた。わたくしは、この短い言葉の差異に、Freud 派と Horney 派との基本にある人間観の違いが明確に映し出されていることに感銘のようなものを受け、的確な言葉を捜すことの大切さを思った。（神田橋條治『発想の航跡1』岩崎学術出版社、一九八八年）

それは学派の違いというより、その人なりの人間性の違いのほうが大きいのではないかと思ったのである。近藤先生を「Horney 派」と括られることへのこだわりがあったのかもしれない。ホーナイの理論を読むことが近藤先生の考えを理解する大きな手がかりなるようにはあまり思えなかった。そのような理論的な立場で括られることへの抵抗は、先生への理想化からきている面があったのではないだろうか。

しかし、その後、自分が三〇を過ぎて、近藤先生から分析を受けることになる。寝椅子に横になり、自由に思いつくことを語り始めている。想像していたより、先生も自由に思ったことを語られる姿が印象に残っている。その関係の中では、理想化された先生のイメージを現実レベルでのあり方に引き戻すことも、大きな課題であったように思う。何度か勇気を出して疑問を提起したこともあるが、先生はあくまでやさしく寛容であった。それがまた、もどかしく感じたこともあった。

ある時、「死というものを、先生はどう考えますか?」と聞いたことがある。その時先生は次のように語ってくれた。「最近お腹をこわして、夜中に何度もトイレに起きることがあった。深夜の静寂の中で、一人トイレの便座に座っていて、ふっと死について考えた時があった。このまま自分は死んでいくのかなと思った。その時、私が死んでも、私が関わった多くの若い人たちがこれらかも生きて行ってくれると思うと、それが安心できる大きな支えになった面があるよ。ナガイ君もその一人だよ」というようなことを言われている。

その時は、そういうものかな、と思っていた。しかし、ここ数年身近な人の死に立て続けに直面する体験をしてみて、先生の言った言葉の意味が、改めて少しだけわかるようになった。亡くなった人から、自分が何を引き継いだかという課題は、死の意味を考えるうえで、非常に重要なことに思えるようになった。近藤先生の言葉は、そんな今の自分の思いを暗示していたように思える。

先生は、ご自分の考えを集大成にした本にまとめないのだろうかと、思ったこともあった。しかし、先生はひとりの心理臨床の実践家であった。最後のお仕事が、森田正馬の本の英訳とカレン・ホーナイの最終講義の日本語訳であるところに、先生の生き方が集約されているのかもしれない。自分は表に出ないで、森田正馬とカレン・ホーナイという二人の臨床家をとおして、日本と西洋の架け橋としての生き方を実践されたのではないかと思われる。

先生との分析が一段落したとき、最後に「これから、年を重ねた後、もう少し自分自身の理解を深めたいということが課題になるだろうから、その時に、また分析を受けてみては」と言われた。確かに最近、本当にそれが必要な年齢になってきているように思われたのに、先生は亡くなってしまわれた。初めて先生にお会いしてから、二二年が過ぎている。つくづくと、そろそろ本当に自分の Selbstrealisation を考える時期にきているような気がしている。

小川捷之　一九三八年、北海道に生まれる。東京教育大学心理学科卒業、同大学院修了後、東京教育大学助手を経て、一九七〇年、横浜国立大学教育学部助教授、教授を経て、一九九一年上智大学文学部教授。教育学博士。一九七〇年山王教育研究所を設立、主催者として心理臨床の啓蒙、専門家の養成、さらには臨床実践のクリニックとして幅広い活動を行う。日本心理臨床学会理事や臨床心理士会の設立に人力を尽くす。一九九六年逝去。主な著書：『性格分析』（講談社現代新書、一九八三年）、『夢分析』（朝日出版、一九八二年）、主な訳書：E・H・エリクソン『自我同一性』（共訳、誠信書房、一九七三年）、C・G・ユング『分析心理学』（みすず書房、一九七六年）、A・カロテヌート『秘密のシンメトリー』（みすず書房、一九九一年）、R・シュタイン『近親性愛と人間愛』（金剛出版、一九九六年）など。

近藤章久　一九一一年、山口県に生まれる。東京帝国大学法学部卒業。戦後慈恵医科大学を卒業後、森田療法を高良武久に師事。その後、ガリオア基金によって渡米し、精神分析をカレン・ホーナイに師事。鈴木大拙、大谷光紹と親交。帰国後、目黒区八雲に近藤クリニック開業。また長年にわたり、八雲学園理事長・校長も務めた。一九九九年逝去。主な著書：『ノイローゼ』（弘文堂、一九七六年）、『感じる力を育てる』（柏樹社、一九八〇年）、『文化と精神療法　日本人と自然』（山王出版、一九八八年）、『セラピストがいかに生きるか』（春秋社、二〇〇二年）、『こころの軌跡』（春秋社、二〇〇四年）、訳書：Morita. M. (Tr. Kondo A.) Morita therapy and the true nature of anxiety-based disorders (Shinkeishitu) (State University of New York Press. 1998)、『ホーナイの最終講義』（岩崎学術出版、二〇〇〇年）

解題

この二人の先生との関わりは、やはり今の私を形成するうえで大きな影響を与えたと思われる。そして、その影響は今でも続いている。人との物理的な関わりは死をもって終わるが、私が生きている限り、やはりその関わりは続くのではないかと思っている。

第Ⅲ部　心理臨床おけるこれからの関わり方

第Ⅲ部は、今までの本書の内容からはだいぶ異なっている。私がボランティアの電話相談活動への関わりから、日ごろ感じていたものをまとめたものである。私が電話相談への関わりをもったのは、一九九〇年からである。時代は昭和から平成に年号が変わったが、そろそろ右肩上がりの高度経済成長が危うくなった時代であった。

電話相談では、ボランティアの相談員の人たちに対して、基本的にはカウンセリング・マインドを中心とした共感的な対応を基礎においた傾聴訓練がなされていた。その頃も現在同様、性的な内容をもった相談が多くの相談員を悩ませていた。バブルの崩壊後、特に一九九五年の神戸の震災や地下鉄サリン事件以降、社会的に個人が守られているという枠が急激に緩くなったせいか、心理的な支援においても、従来の面接構造以外のあり方がより求められるようになり、電話相談は今までと異なったかたちで注目されてくる。実際、その頃から電話相談の相談内容にも質的な変化が起きてきて、従来の枠組みには収まりきれないさまざまな内容や頻回の相談が増えてきたように思われる。電話相談という関わり方に、独特の意味を見いだしているかけ手が増えてきたのだろう。

さらに、インターネットや携帯電話が爆発的に普及する現在、ヴァーチャルな空間での関わりが、現実的な人間関係よりも比重が大きくなってきているような現実がある。これは、人とのコミュニケーションの手段が今までに考えられないくらい大きく変化してきていることの表れである。このような現実は、従来の直接的な関わりから行われていた心理臨床の実践のあり方に、どのような変化を及ぼすであろうか。求められる関わりは、そのような社会的な状況にどの年代で体験したかによる世代的な要因が、かなり大きく影響するのではないかと考えられる。

しかし、少し視点を変えてみると、人間が自然の生態系に生存する哺乳類として育っていくためには、生後数年間は養育者との絶対的な関わりが必要であり、それは社会がどのように変わろうとも、根本的には変わらないものである。そう考えると、コミュニケーション手段は変わっても、最も基本的なところでの人と人との関わり方で求めるものに変化はないのではないだろうか。直接的な人と人との関わりを中心とした心理臨床は、これからもつねに、必要な関わりとして存在していくようにも思われる。

第九章　電話相談の体験から考える
――いのちの電話の経験より

はじめに

今日、ポケベル（一九九六年の時点であり、現在はその利用はなくなっている）や携帯電話の爆発的な普及は我々の日常生活におけるコミュニケーションのあり方を相当に変化させているのではないだろうか。どこにいてもたえず知っている相手とコミュニケーションができるポケベルや携帯電話の存在は、ただ単にいつでも情報のやりとりができるというだけでなく、我々の対人関係のあり方そのものにも大きな影響を与えている。このような変化はインターネットの普及によって、ますます大きくなっていくのではないかと考えられる。そのような、これからの対人関係のあり方を考えるひとつの手がかりとして、ここでは、筆者が二四時間体制のボランティアによる電話相談にスーパーヴァイザーとして関わった経験をもとに、これからの対人関係と相談のあり方について考えてみたい。

電話相談は、もともとは危機介入的な対応として想定されていた。そして、さらに実際的に相談に対応する姿勢としては、カウンセリングの応用形態として位置づけられていると考えられる。何らかのこころの問題をもっている人が、電話という媒介を通じて自らの悩みを語りつつ、その問題の解決をはかろうとすることが、その基本的な相談を受ける側の態度として想定されている。しかし、その実態をみるにつけ、このような枠では収まりきらない内容が語られることも数多くある。ここではそのような電話相談の実態を取りあげ、考察してみる。

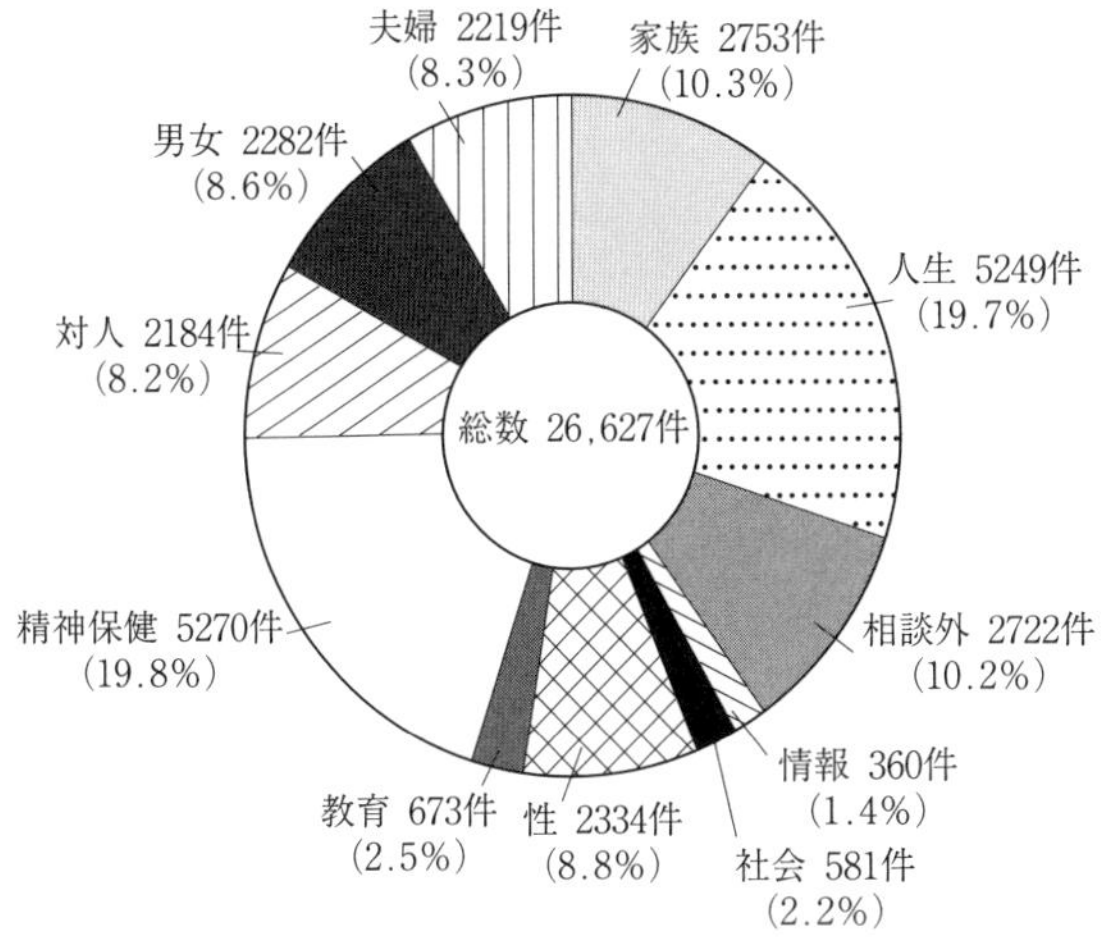

図１　電話相談の内容別受信状況（1995年度横浜いのちの電話）

ある相談機関における実態について

まず実際の電話相談の内容の実態についてみてみたい。図１は、あるボランティア組織による電話相談の一九九五年度における相談内容別の受信件数である（一九九五年度横浜いのちの電話報告書）。

最も多い相談内容は、「精神保健」の五二七〇件と「人生」の五二四九件である。「精神保健」の場合、特に多くみられるのは精神障害を患ったことのある人であり、現実的な対人関係が日常生活においてとりにくいために、話し相手を求めて電話をかけてくる場合が非常に多い。このような相談ケースを聞いていると、彼らにとって電話で相談員と話すことが生活の一部となっているように思われる。つまり電話相談は、日常生活の延長として、一人で居ることの孤独を癒してくれる人間関係の一部となっているように思われる。この問題については、後ほどまたふれるつもりである。「人生」とは自分自身の悩みや問題について相談してくるわけであり、実際に来談してくる、カウンセリングの場面で語られる相談内容にもっとも近い内容であると考えられる。それから、「家族の問題」、「性の悩み」、「男女の問題」、「夫婦の問題」、「対人関係」と続いている。

このように大枠の分類からみる限りでは、通常の相談内容と極端な違いはみられない。普通に日常生活をしていくうえで誰もが多少は思い悩み、問題に感じている内容に思える。ただ、「性の悩み」や「男女の問題」など、やはり面と向かって直接的には相談しにくい内容が語られていることは確かであり、自分自身の不安に対する第三者の立場からの確認を得ることによって、安心を得ようとする場合が多いように思われる。また、「性の悩み」の場合は、よくいわれているように露骨に性的な話をすることで、欲求を満たそうとする場合もかなりあることが考えられる。

特別なケースの場合について

ここでは、以上のような内容のなかで、とくに「頻回通話者」の場合を取りあげて考えてみたい。電話相談のなかで、頻回通話者は大きな問題となっており、一九九〇年にカナダのトロントで開かれた「いのちの電話」の国際会議でも大きなテーマとして取りあげられている。

電話相談の場合、広く社会に開かれた対応を求めるため、一回限りの相談が前提で、継続的な固定した関係は一般的には考えられていない。心理療法の過程で、何らかの理由で来談が困難になった場合に、固定した時間枠の中で電話による相談を受けることは、比較的よくある。しかし、原則として誰からの相談もオープンに引き受ける形態をとり、かけ手が誰であるかわからない電話相談は、ふつう一回限りの相談と考えられている。しかし、現実には何度もくり返しかけてくる常連の人がいることも確かである。そのようなかけ手にとって、電話で話すことが相当の支えになっている場合もかなりあると考えられる。

このような頻回通話者の相談内容を検討してみると、通常の心理相談の枠で対応したほうがよいとは考えられない場合も数多くある。つまりは、匿名性が保証された電話という媒介をとおしたコミュニケーションであるからこそ、相談が可能になると考えられる。ここではそのようなケースを検討することから、これからの心理相談のあり方の可能性について考えてみたい。

頻回通話の内容について

頻回通話の問題は、その相談内容によって大きく四つに分けられる。

一つは精神障害の範疇に入るかけ手の場合が考えられる。特に目的があるわけではなく、漫然と雑談を求めてかけてくる。このような人の場合、日常生活において人との関わりが少なく、またまわりにじっくり話ができる場も少ないため、そのような話をする対象を求めて電話をかけてくる。人によっては非常に哲学的な質問をしてきたり、実に些細なことにこだわったりする場合も多い。常識的感覚からみると違和感をおぼえる内容もある。もし直接会って話をしたならば、ボランティアである相談員も受容的に話を聞くことができず、当惑や躊躇を感じるのではないだろうか。それが、電話であり、かけ手の姿が曖昧であるからこそ、相談員がより受容的に受け答えできる面もある。しかし、その一方、精神障害の知識をもっている相談員の場合、電話だけの相談の限界を強く自覚し、それ以外の日常生活レベルにおける対応なり援助システムについての必要性を強く感じているように思われる。

二つ目の内容としては、性の問題がある。これは電話相談の開設当初より、困った問題として取りあげられていた。多くは男性からであり、相談員である女性に性的な内容の話をすることで、自慰行為をしたり、卑わいな言葉をくり返し語ったり、いずれにしても性的な欲求のはけ口として、電話という媒介を用いようとしている。このような需要に対しては、ダイヤルQ２の実施により、風俗的な商売が成立するようになり、以前よりは軽減したが、依然としてかなり多くある。

三つ目は作り話をくり返し語ってくる場合である。この場合、性的内容と結びついたかたちで話される場合も多くあるが、必ずしもそれが直接的な性的欲求の満足とは結びついてない。例えば、母親との近親相姦的な関係について延々と語る場合など、相談員が当惑する様子を察して満足しているのではないかと思われる。それ以外にも、自分が不治の病に冒されていることを延々と語ったり、幼児期からの苦労話を語ったり、どう聞いても真実味のない話を延々とする場合など、これをどう理解したものか、聞き手は相当に悩まされる場合が多い。

四つ目としては、電話の受け手である相談員が一番傷つけられるケースで、すさまじい攻撃性を相談員に向けてくる。相談員の個人的な事柄にまで侵入的に関わりを求めつつ攻撃を加えてくる。この場合、言葉による暴力がいかにすさまじいものであるか、直面させられることになる。このようなかけ手の問題を相談員ひとりで背負いこもうと思うことは、非常に相談員の心を傷つけ、その後の電話相談の活動そのものに影響を与える場合も少なからずある。

以上のように、頻回相談は非常に難しい問題を提起していることが多く、一般には頻回相談は困ったケースとみられている。

有田（一九九五）は、『電話相談における相談員の諸問題』という電話相談における研究資料集の中で、常習的なかけ手になりやすい人の一般的傾向として、次のような四つのタイプをあげている。①人間関係を積極的にもたず、それなりに社会的役割を果たしているが非常に孤独を感じている人。②何らかの精神的な病をもち、専門機関での治療を受けている人。③人格形成、精神発達の過程で、しこりや歪みを大きくして、修正しきれない人、自分の感情や要求を出せない人。④外界との接触をもたずに閉じこもって、家の中だけで生活し、専門機関への相談もしにくくなっている人。そして、さらに作話や攻撃性を激しく表出するタイプとして、境界例パーソナリティの特徴をもっている人を新たなタイプとして加えている。

このようなとらえ方は、筆者自身も実際の電話相談のケースを聞きながら考えてきたこととほぼ同じであり、同意できる面もある。しかし、これは通常の心理療法やカウンセリングを行ううえでの来談者理解をそのまま当てはめたかたちでの分析である。このように想定して考えてみても、結局、電話という媒介をとおした関わりでは、かけ手の情報は正確さに欠けるため、それをあたかも確かな事実であるかのように論じたとしても、確かめようがなく、相談者の一方的な理解になりかねない危険性がある。さらに、このように相手を想定して考えることが、確かにかけ手の理解を助ける面も否定できないが、逆にそのような一つの枠に当てはめてみることで、相手に対する理解の枠を狭めてしまう危険性もあるのではないかと思われる。

つまり、受け手としては、このような頻回相談をどこかで困ったケースとみているところがある。しかし、継続的に電話をしてくるところをみると、かけ手にとってそれなりに意味があることは確かである。相談者のほうは困ったケースとみる傾向があるのは、電話という媒介を通じての関係を、従来の心理療法的な枠組みからみているためではないだろうか。もし、そのような枠組みをこえた、電話でしかとれない関係の長所をとらえるとしたらどのような点が挙げられるのか、次に考えてみたい。

半相互空間としての電話相談の位置

心理療法やカウンセリングの基本は、来談者が治療者との相互関係の中で、自らの内省を深め、問題の奥に存在する心のありように気づくことで、解決していこうとする行為と考えられる。つまり治療関係の成立とその取りあげ方が、治療者にとって非常に重要なポイントになっている。ところが、電話相談の場合、そのような相互関係の成立が不可能なところから、心理的な問題の対応の限界が指摘されていた。しかし頻回相談者などをみると、このような相互関係は望めないにしても、電話相談の場が、かけ手にとって電話という媒介を通じた、日常生活の場とは異なる相談空間として位置づけられているように考えられる。

その場は次のような特徴をもっているといえる。①かけ手の意志によって成立する関係空間でありながら、答えてくれる実在の人がいること、②電話をしている間は時間の共有があること、③互いに匿名性を前提とした関係であること、そのために、かけ手にとって、自ら内界を投影する自由度はより大きくなること、④まったく一方通行の関わりでもない、そうかといって相手がどういう人か表情がわからないが音声のみによってつながっている半分のみの相互関係であることがあげられる。このような匿名性を前提としている、全人格的な関係とはいえない関係の成立する時間を共有する場を半相互的空間と一応はよぶことにする。

電話相談員にとって、かけ手がある程度心を許した形で自らの内的世界を語ることが可能となる半相互空間を作ることが、重要な仕事になってくる。そのためには当然、かけ手の問題や病理について把握できるにこしたことはないが、そのような理解の枠組みをこえた、心理療法の視点として、河合隼雄は次のような考え方を述べている。

心理療法においてクライエントは各自にふさわしい「神話の知」を見いだすことであり、治療者はそれを援助するのだとさえ言うことが出来る。神話とまで言って、「神」を持ち出すこともないと思う人に対しては、各人が自分にふさわしい「物語」を創り出す、と言ってもいいであろう。症状とか悩みというものは、いうなれば本人が自分の「物語」のなかにそれらをうまく取り込めないのである。（河合　一九九二）

電話相談における頻回通話者の相談内容に対して、ここで河合が述べているような、かけ手にとっての「神話の知」であり、「物語」として聞こうとする。この姿勢が電話相談の一つのあり方を示唆しているようにも思われる。さらに河合は、語る関係とは水平の関係であり、心理療法において「語る」ことが重視されるのは、治療者とクライエントの水平関係が重視されるからであると述べている。ここで取りあげている頻回通話者は、日常的な世界の中で水平関係が非常にもちにくい人ではないかと考えられる。そのため電話という媒介を通じた半相互的空間でのみ、このような水平関係をかろうじてとることができるのかもしれない。このような空間でくり返し語られる話から、いかにして物語なり、神話なりを織りなしていくことができるか、それは相談者の読みとろうとする姿勢に関わっているように思われる。

言うなれば半相互的空間は、まさに芝居の演じられている劇場空間であり、そこで語り手として演ずるのは、電話のかけ手である。演じる人には観客一人ひとりの顔は見えないが、観客がその場でどのように感じ反応するかは、その芝居の成功を大きく作用するといえる。観客が演じられている芝居に自らも共感し、感情移入できてこそ感動は大きくなり、すばらしい芝居となる。しかし、それはあくまで劇場空間内における体験として存在しているわけである。電話相談における相談者のあり方も、物語に感情移入しつつ、その話を聞いている観客の立場として考えられないだろうか。

このような視点からみると先ほどあげた頻回通話者に対する対応のあり方も少しみえてくるのではないだろうか。

頻回通話者への対応

先にあげた四分類の例でいうと、精神障害の問題をもっている人については、日常場面において相互的な人間関係がもてれば、電話などはかけてこないのかもしれない。多くの者がひとり暮らしか、家族からは相手にされず、つねに外に人間関係を求めているところがある。しかし、現実には、親身になって話をじっくり聞いてくれる人はほとんどおらず、関わりをもとうとしても拒否的な態度に出会う場合が多いと考えられる。また、近すぎる関係への恐怖感も相当あると考えられる。そのような人にとって、電話を媒介とした半相互的な空間は、距離が保てるがゆえにかえって能弁に自分の意見や考えを自由に語れる場になるのではないだろうか。多くの場合、半相互的空間を破ってまで相談員に侵入的に関わってくることは少ないように思われる。そのため相談員のほうも比較的安定した状態で関わることができるのではないだろうか。つまりは、現実に対面した状態よりは、半相互的空間であるがゆえに、より受容的、柔軟な姿勢で対応しているように思われる。

相談員をスーパーヴァイズしていて感じるのは、精神障害についての知識がある人が、話を深めようとしたり、事実関係を把握しようとしたりしてかえって対応が堅くなっている場合が多くあることである。精神障害をもっている人にとっては、電話をかけてくる場が、生活の一つの空間として位置づけられている場合が考えられる。彼らの語る内容は、現実的に考えれば、辻褄の合わないことやおかしいこともあるが、こちらも常識的な枠組みから自由な感覚で話を聞いてみると時々鋭いものがあり、納得させられることも多い。子どもがプレイルームで遊ぶような、言葉の自由な語らいに、相談者のほうも半相互的であるがゆえに、一種の「あそび」のような気持ちで関わることが可能になってくるのではないかと思われる。さらに、きわめて日常的な世間的な話題を語ってくる人もいる。そのような場合も、世間話をする空間として電話を利用していると考えられれば、もう少し自由に話ができるのでないかと思われる。

　次に性的な問題の場合、作話が含まれて語られる場合など、対応が難しくなる。特に母親との近親相姦的な関係をもったことをくり返し語る、若いと思われる男子からの相談など、女性の相談員にとって非常に当惑させられる場合がある。実際に近親相姦的な問題があった場合には、頻回通話になることは少ないと思われ、一般的にはくり返し語ってくる場合には作話の場合が多いと考えられる。まったく何の疑いもなく真剣に受容的にひたすら話を聞いたケースについて検討した後で、作話の可能性に気づいた時の後味の悪さについての感想は数多くある。しかし、それが作話であったとしても、相談員が疑いをもつことなく真剣に聞いてくれたことは、何らかの意味のあることのように思われる。かけ手にとって、近親相姦願望という、自ら作りだした神話的な話を創作的に語ることは、単なる性的願望というよりは、そのような話としてしか語りえない親子関係の傷を、昇華しきれない神話としてくり返し語ることで癒そうとしていると読むことができる。

　半相互的空間という日常とは異なる枠の中で語られるかけ手の話を、あくまでそのような枠の中の物語として、受容的に一緒に共有することは意味がある。作話であることを暴露するかたちで彼らに現実を直面化させるのも一つのあり方であるが、半相互的空間で創られた物語としていっしょに読むこともできる。その時、注意すべき点は、あくまで半相互的空間であるという枠を相談員が自覚し、日常的な現実との境界を明確に意識したうえで、その中に入りこんでいく姿勢である。そのような現実とのけじめを明確に自覚しないまま関わると、先ほどの相談員のような後味の悪さを経験することになるし、そのような境界や枠が希薄なかけ手の場合、現実との境界を崩すことになり、危険な状態に追いやる可能性があるので、充分注意する必要がある。

これは、攻撃的なかけ手の場合、一番問題になってくると思われる。相談員の個人的なことに関心を向け侵入的に聞いてきたり、「相談がなっていない」、「偽善的である」などとすさまじい勢いで個人攻撃を加え、さらに電話相談そのものを批判する場合などである。このような場合、かけ手は、どこかで相談員との半相互的な空間を打ち破り、現実的な生身の関わりをもつこと強く求めており、その関わりの求め方が破壊的、攻撃的にしか表現できないところに対応の難しさがある。相談員の側でそのようなあくまで半相互的空間の枠を維持しつつ、かけ手とどの程度までやり抜くことができるかが、問われることになる。そして、そのようなかけ手に対して、相談員はとうてい一人で太刀打ちできるものではない。多くの相談員が共有して支えあうことによって、はじめて半相互的空間という枠を維持していくことが可能となり、それがかけ手の支えにもなっていくものと考えられる。相談員同志の組織的な場が、支えるうえで大きな役割を担っていると考えられる。

これ以外にも、頻回通話者の問題として、くり返し自殺を訴えるケースなど緊急を要する難しい問題がある。その場合にも、行動化を思いとどまらせるためには、今ここで電話という細い媒介を通じて成立している半相互的な空間を支えその中での共有体験を大切にすることで、現実的な行動化が回避されるようにもっていくことが重要に思われる。

結論

はじめに述べたように、今日対人関係のもち方やコミュニケーションのとり方は、電話やパソコンの進歩にともない大きく変わってきている。特に携帯電話やポケベルの普及は、これからの対人関係のあり方を、さらに大きく変えていく可能性がある。このような直接的でない、媒介物を通じた人と人との関係はますます増加し、そういう媒介物を通じたかたちでなければ心の内面が表現できず、コミュニケーションのとれない人が増えてくるのではないかと考えられる。ここでは、二四時間体制でどのような相談内容にも対応している電話相談へのスーパーヴァイザーとしての経験をもとに、特に頻回相談への理解の視点として、相談員が匿名性を維持しながら相互交流を行う関わりの場を半相互的空間と名づけ、その意義と役割について検討してみた。このような問題を考えていくうえで、ここで取りあげたような考え方が対応における手がかりになるのではないだろうか。

文献

有田トモコ　一九九五「電話相談における相談員の対応上の諸問題」『横浜いのちの電話研究資料』一二集。
河合隼雄　一九九一『心理療法序説』岩波書店。

解題

人と人とのコミュニケーションにおいて匿名性があり、相手の表情はわからない、しかし確かに電話で話している時間にかけ手との全面的な時間を共有して過ごしている。この論文では、このような電話におけるコミュニケーション関係を半相互的空間における関係であると定義してみた。この論文を書いた頃はまだ、携帯電話やインターネットが普及する予想はあったものの誰もが利用していたわけではなかった。

心理療法やカウンセリングは、セラピストとクライエントとの全人格的な関わりを前提に、扱う問題は部分的な場合であるにしろ、それが中心に存在していればこそ、支えになるし意味をもってくると考えられる。それは、心理療法についての考え方の原点であった。その原点は、人は誕生の原点に養育者である母親からの絶対的な全面受容の体験なくしてはその後の自己を形成していくことができないという前提から考えられる。しかし、このような今日的な時代のコミュニケーションの変容が、心理療法的な関わりにどのような影響をもってくるのか、不透明な面もある。

ここでは全面的な相互関係を前提に考えたうえでの半分だけの相互関係であるという考えを取りあげており、あくまで全面的な相互関係が人との関わりの自然、かつ健全な姿ではないかという暗黙の前提をもっていたように思う。しかし、時代はますます半分からより分化した部分的な相互関係だけの関わりで成立するような社会になってきているように思われる。そのような時代の中で、全面的な関わりを前提した心理療法がどこまで一般化した支援として成立していくのか、これからの課題であろう。

一ついえることは、発達障害という独特の部分的な機能的問題があるという人が増えてきている背景には、このような人と人とのコミュニケーションのとり方の変化が確実に影響を与えているように思えてならない。そのような部分的な世界のみを生きている場合には、生きた神話を語りにくくなっている可能性もある。

第一〇章　電話相談における関係について

はじめに

　ここ数年日本では自殺による死亡者数が増加の一途をたどり、一九九九年度より毎年三万人以上の人が自殺によっていのちを落としている。このような現状において、自殺予防のための保護施策が二〇〇〇年度より動き始めている。そのなかで自殺に関する危機回避の方法として電話による支援活動が改めて注目を浴びている。

　電話における自殺予防の活動としては、すでに日本においては民間ボランティアの活動から生まれた「いのちの電話」の活動がある。一九七一年に東京で初めての二四時間体制の電話による相談活動が開始されてから、今日までに全国で五〇カ所近くの拠点で電話による相談支援が行われるようになっている。二〇〇〇年度、日本いのちの電話連盟加盟の四八センターの相談総数は、六七万五六件で、そのうち自殺志向の可能性のある相談は二四〇六件であり、全体の三・五八％となっている（斉藤　二〇〇一）。これは、ここ数年の社会の実態と対応して、確実に増加傾向にあるといえる。しかし、別の見方をすれば、残りの九〇%以上は、本来の設立趣旨と直接的には異なる様々な問題の相談を求めて電話をかけてきているといえる。

ここでは、もともとは自殺に対する予防活動のボランティア組織として日本に定着してきた「いのちの電話」活動からうかがうことができる電話相談の現状と、そこからみえてくる相談の関係について論じてみたい。

いのちの電話の相談内容からの課題の設定

斉藤によると、二〇〇〇年度の日本全国におけるいのちの電話の相談内容の実態は、図1のようになっている。その内容をみると、人生、医療、性、家族、対人、夫婦、男女という順になっている。これは、筆者の関わりのある『横浜いのちの電話二〇〇一年度事業報告』による相談内容と、ほぼ重なるものと思われる。図2がその相談内容の実態であるが、ここでも、人生、精神保健(これは医療とほとんど同じと考えられる)、家族、夫婦、対人、性、男女という順になっており、性的な問題の相談件数の割合が全国平均から比べると少ない。これは、横浜が都市部に属するため、性に関する情報の氾濫や様々な対処手段が進んでいるためと考えられる。

このように、実際的には、直接的な「いのち」に関わる危機支援に限らず、非常に幅広い様々なレベルの問題に関して直接・間接に対応すべく、相談活動を実施してきている。

従来、このようなすべての問題に対する基本的な聞き手の姿勢としては、カウンセリングにおける姿勢を一つのモデルとして、かけ手の気持ちに寄り添うかたちでの受容的、共感的な対応を、共通の

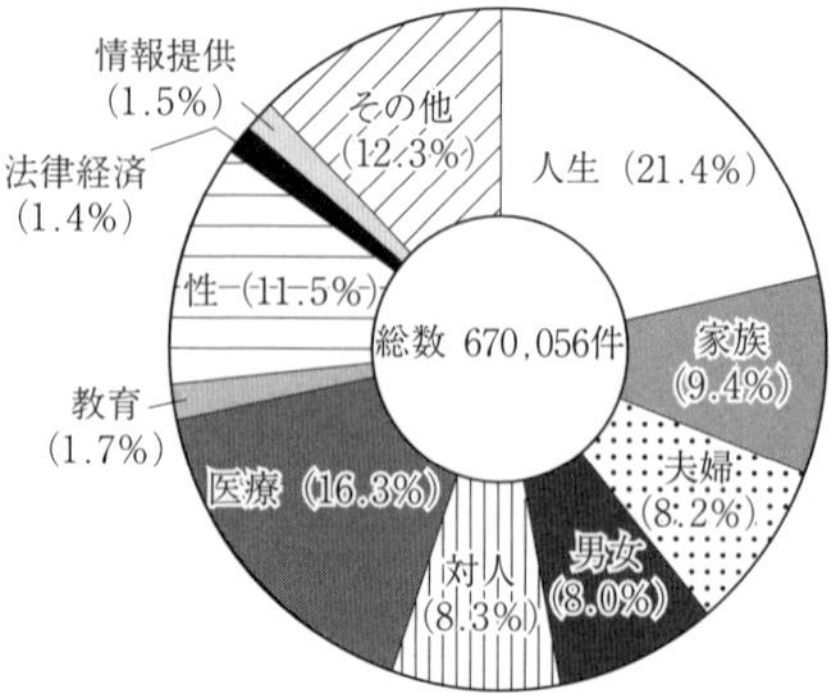

図1　全国のいのちの電話の問題別受信状況(2000年度)

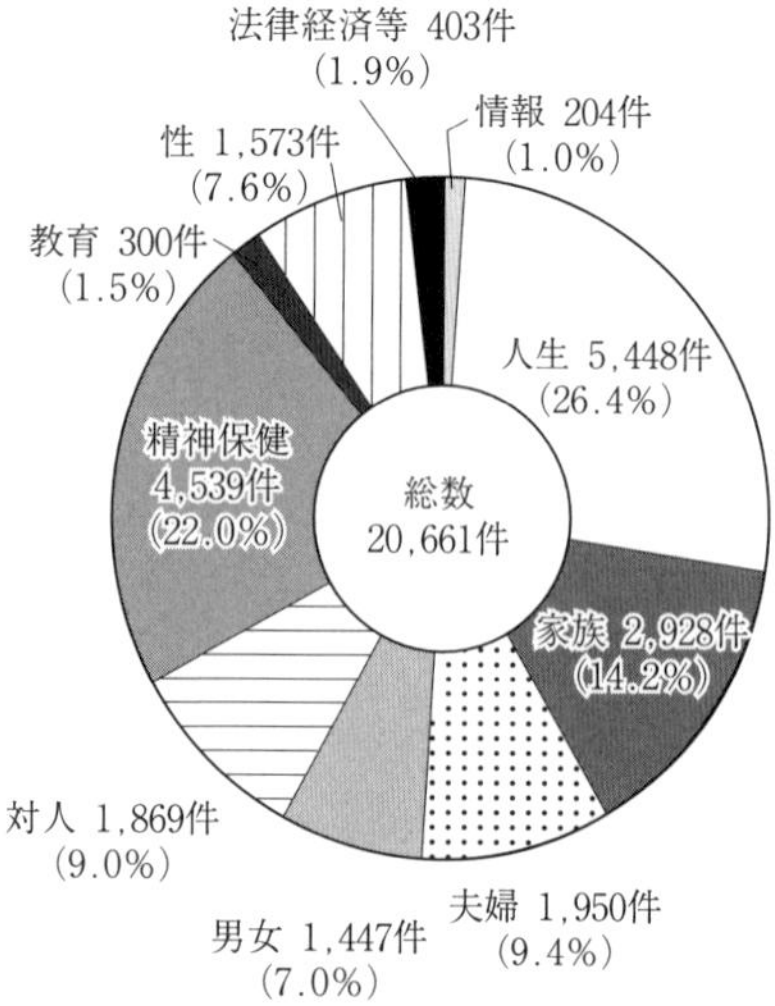

図2　内容別受信数(2001年度横浜いのちの電話)

特徴として考えていた。ところがそのような枠組みでは対応しきれない問題が、徐々に顕在化してきている。

古くは性的な欲求の解消の相手として、聞き手を求めてくる問題である。そのような相手に受容的に関わり、結局は性的な欲求のはけ口に利用されたことを知り、いたく傷つくボランティアの相談員が数多くいた。これは電話による相談が開始された時点から、困った問題としてあげられている。

それが数年前から、電話依存とでもいえる頻回通話者が数多く出現するようになる。そのような人の多くがほとんど毎日電話してきて、多くの相談員が一度は、その人の相談を受けた経験があるというかけ手である。彼らはなぜそこまで電話というかたちの関係にこだわり、自分の生活の相当な部分を、そのために費やしているのか。電話に対するそのようなこだわりに対し、筆者は「電話という回線をとおした関係の中に住みついている人々」という言葉で表現したことがあった。インターネットの普及にともない、ネットというヴァーチャルな世界に住みついている人々の問題は、マスコミや小説などでも取りあげられている。ここでは電話という回線の中、特にいのちの電話のような、基本的に二四時間体制の一対一対応で受け入れている場の問題について論じてみたい。いのちの電話の全国的な普及にともない、その活動の中から生まれてきたと思われる問題を取りあげ、電話相談のもつ問題と今後の可能性について、そしてそれが今後の我々の対人関係のあり方に、どのような影響を与えているのか、考えていきたいと思う。

頻回通話者のタイプについては、かつて筆者は大きく四つのタイプに分類した（永井 一九九七）。一つは、医療や精神保健と分類されるような人のなかに存在するタイプであり、多くは精神科医療の受診者であり、入院経験があり、デイケアなどに参加しつつ社会復帰を目指している人たちである。多くが家族とも離れひとり住まいの者であり、日常的に普段会話する人間関係に乏しく、特に目的があるわけでもなく、いわゆる世間話的な会話を求めてかけてくる。また深夜など、眠れないからという理由の者もいる。電話をとおして彼らは比較的能弁に語っているのであるが、おそらく普段の生活においては、そのように自由に会話のできる人間関係がもちにくいことが考えられる。日々の生活のなかで受け入れられるべき地域社会との交流がもてないからこそ、電話がその役割をはたしていると考えられる。

二つ目は、性の問題であるが、これはその目的も比較的はっきりしており、先程も述べたように電話相談の開設当初より件数の多い困った問題の代表でもある。これは性を商品化したダイヤルQ２をはじめとしたインターネットによる性に関する情報の氾濫で減少傾向がみられている。

三つ目は作話をくり返し語る人である。この場合、性的な内容と結びつく場合もあるが、直接的な欲求の満足とは思えない、自らの作話を誰かに語ることをよりどころにしており、とても現実とは思えない内容を延々と語っているタイプである。

四つ目は、聞き手に対し激しい攻撃性をぶつけてくるタイプである。穏やかな語り口から始まり、徐々に聞き手に質問し、その答えのちょっとしたことが逆鱗に触れ、突然語調がかわり、聞き手としては言いがかりとしてしか思えないようなことに噛みつかれ、さんざん悪口と、罵りの言葉を浴びせかけられ、罵倒と脅しの矢面に立たされるような状況を作りだす。しばらくして疲れると向こうから電話を切るという行為をくり返し行うタイプである。

多くの頻回通話者は、この四つのタイプにまとめることができる。このようなかけ手は、一般的な心理治療の関係にはみられない、電話であればこそ成立する独特の関係といえる。

電話相談における構造について

次にその構造について論じてみたい。まず、その前に前提となる「いのちの電話」の相談のあり方について考えてみる。

いのちの電話の三原則として掲げられていることは、次の三つである。

（1） 二四時間いつでも電話の相談が受け入れられる。
（2） ボランティアの相談員によって運営されている。
（3） 匿名性が維持されたなかでの相談である。

これはかけ手の相談内容がいかなる理由であろうとも、その個人的な秘密が守られているということである。それはまた相談員の個人的な事柄もかけ手に語ることはしないという、お互いの約束の上に成立した関係であるといえる。

このような関係の中で成立する電話相談の構造、あるいはその独特の空間について、さらに論じてみたい。

まずは二四時間いつでも受けつけていること。これは本来の趣旨として自殺の危機への支援体制として生まれてきたことが、その基をなしている。いつでもかけられるということは、その構造上相当に制約のない自由を確保しているといえる。物理的・地理的制約のない電話であることと、この受けつけてもらえる時間の制約がないことが、一般の心理療法やカウンセリングと最も異なり、個人的生活に深く入ってくる可能性をもっている。それは個人的にいつでも対応してもらえる関係であり、社会的な制約のない身内の関係の場に近いかたちと位置づけることができる。もしこれが九時—五時の時間枠の相談受付であるならば、それは確実に社会的な枠の中の場であり、それなりの制約を受けることになり、その関係は相当に異なったものとなるだろ。その場合、頻回通話者のような電話依存は減少するのではないか、と思われる。

さらに匿名性を前提とした関係である。お互いに個人的な情報や社会的な職業や役割についてまったく明らかにせずに、相談できることについて、お互いの了解がある。このように匿名性を維持できるからこそ、逆に頻回相談者によくあるように過剰に攻撃したり性的な事を話題にしたり、感情をむき出しに語ったりできると考えられる。すさまじい攻撃性を聞き手にぶつけるかけ手が、日常生活では、むしろ静かで感情表出が少ないということは充分に考えられる。また、精神保健や医療に分類される問題をもってかけてくる人の多くにみられると思われるが、電話では比較的饒舌に話をしても、たぶん日常生活において見知らぬ他人に対して電話のように饒舌に話をする可能性は少ない。その意味で匿名であることが、仮面舞踏会のように、仮面を被ることによって本人が誰であることがわからないがゆえにかえって自らを自由に開示できる状況を設定しているということができる。

以上のような外的な条件によって成立した関係について、筆者は、そのような関係の成立する場を半相互的空間と定義し、その特徴について次のように述べた（永井　一九九七）。この場は、①かけ手の意志によって成立する関係空間でありながら、応えてくれる実在の人がいること。②互いの匿名性を前提とした関係であること。そのために、③かけ手が自らの内界を投影する自由度が大きくなること。④まったく一方通行ではなく全面的な相互関係でもない、顔の見えない相手の反応が声だけでつながっている半相互関係であること、などをその特徴として述べている。

この半相互的空間は、匿名性と相まって非現実的な相互関係を作りやすい。そこで、最近さまざまな問題を起こしているインターネットのチャットや携帯電話などによるメル友との関係と比較することで、電話による半相互的な空間における関係のあり方を検討してみたい。

文字と音声のコミュニケーション構造の違い

インターネットによるつながりが基本的には、文字によるコミュニケーションであるのに対し、電話の場合、音声によるコミュニケーションであり、回線がつながっている限りは、〈今ここで〉という現実的な時間の共有がある点が大きく異なっている。たしかにチャットによる会話もリアルタイムで行われるが、微妙な時間の差があるため、電話に比べると臨場感に欠如しているといえる。つまり文字によるコミュニケーションでは、それだけつながりが抽象化され、現実的な関わりの体験が希薄になり、その個人の主観的、内的想像の関与する余地が大きくなると考えられる。例えば、チャットのコミュニケーションにおいて男性が自らの想像する女性になって語ったり、若者が年輩者になって、実際の現実の人とコミュニケーションをとったりすることが可能である。相手は、こちら側の想像する姿とまったく別のイメージをこちら側に投影する可能性が、より広く開かれていると考えられる。

しかし、電話は生の音声によるため、そのような自らの願望や意図を作為的に読みこむ余地が、文字によるコミュニケーションより限定されていると考えられる。

心理療法的な関わりの中で、このような音声の問題に早くから注目している人に、H・S・サリヴァンがいる。サリヴァン（一九八六）は、統合失調症や強迫症の人との治療経験から、患者さんを理解するための重要な視点として、精神医学的面接は優れて音声的なコミュニケーションの場であるとのべ、その命題が本当のところで何であるかを教えるのは、言語にともなう音であるとのべている。音調の変化、イントネーション、話す速さ、言葉につかえることなどが理解の手がかりになり、同じ言葉でも、音声によって伝わる意味は異なるため、語られている言葉と音声が伝えるものの不一致、音調が変化しないことへの不自然さに注意することが、理解を深めるといっている。

このような点は、電話における相談においても十分に着目に価する。まさに音声は、語る内容以上に聞き手に直接的なメッセージを伝える可能性を秘めている。そのため、文字だけのメールのコミュニケーションとは心理治療的な意味合いが決定的に異なってくると思われる。電話のかけ手と聞き手の直接的な関わりが、音声を中心とした電話のコミュニケーションでは成立していると考えることができる。それは、文字にお互いの内的世界をぶつけ合うインターネットなどの関係よりは、より生の音声によって伝わる、感情レベルの相互交流の成立する可能性をもっているからである。特に電話相談において、聞き手の基本的姿勢のモデルとして掲げられている受容的、共感的対応は、情緒的温もりを求めるかけ手にとって、電話相談を直接的に求めやすい関係の場として成立させる可能性をもっている。

しかし、心理治療的には、電話において手軽に関係をとれることが、逆に治療的効果を損なっていると考えられる。そのような点を含めて、次に、実際の対面的に関わる面接との違いについて検討してみたい。

電話における関係と実際の対人状況の関係の違い

電話による相談は、匿名性を前提に行われている。それはつまりかけ手は、自らの存在を聞き手にさらすことなく話ができることである。聞き手は、かけ手の音声による情報を得ることはできるが、相手の表情から情報を読みとることはできない。かけ手にしてみれば自分が聞き手に見られることなく、電話の受話機というモノに向かって語ることになる。このような相手から見られることのない関係というのは、直接対面した状態に比べ、明らかに自己意識において異なる状況を形成していると思われる。ここでは、自己意識の体験のあり方から、その違いを考えてみる。

現実的な対人関係において、われわれは一般的に目の前の〈相手を見る自己〉と〈相手から見られる自己〉を同時に体験しながら、コミュニケーションを交わし、その関係を作りつつ、維持していると考えられる。心理治療の場において、当然存在する関係であるし、これをいかに扱うかが、まさに心理治療の中心的課題になることも多い。それに対し、電話における関係は、対人状況において、相手から見られる自己を現実場面において体験することなく自らを開示できることになる。

この自己意識の問題を、フェニスタインら（Fenigstein. *et al.* 1975）によって論じられた自己呈示における、自己意識の問題から考えてみよう。フェニスタインらは、自己意識には、自己の感情や価値観などの内面に関心を向けた私的自己意識と他者からの観察、評価などによって強く意識される公的自己意識の二つの側面があるという。フェニスタインらの言っている公的自意識は「自分が他者からどう思われているか気になる」意識であり、ふつうわれわれは自己呈示状況で、つねにそのような自己意識をもつものである。ところが電話という、相手が見えない状況で自らを語る場合、このような、どう思われるかという縛りが、直接相手の顔が見える状況より、相当に自由になることが考えられる。

電話において聞き手の眼差しが見えないことは、ここで述べられるような自己意識の中でも公的自己意識の部分を自覚することがより少なくてすむ状況である。これは筆者がかつて論じた対人恐怖の心理（永井　一九九四）とも関わっていると思われる。他者との対人状況における恐れとは、つまりは自らを他者の眼差しにさらすことを恐れるのであり、その眼差しは評価を含んでおり、対人恐怖とは、よりよく評価されたいという期待があるため、それがかなえられないのではと怖れるのである。電話において相手の眼差しが見えないことは、そのような自らを評価されることへの恐れから開放してくれる面があると考えられる。つまり、電話の関係は、自分の内面を強く意識する一方で他者から見られる自己や低くマイナスに評価されるのではないかと怖れる自己を意識化しなくてすむ公的自己意識と私的自己意識が解離した心理状況を形成しやすくしていると考えられる。

そして、また、このような自己意識に関する自由度が電話における独特の関係性を求める頻回通話者を生みだしているのではないかと考えられる。つまりは、先にあげた四つのタイプの頻回通話者はいずれにしろ、公的自己意識に直面することに問題をかかえているといえる。つまり他者から見られる自己に恐れを抱いているのである。この「見られる自己」における恐れや不安のレベルは、その人のもっている病理的な問題に関わっている。それゆえ自己意識への縛りが自由である電話の関係は、自己が見られる現実の治療関係に比べ、相当に自由度をもって自己表現できる場になっていると考えられる。例えば電話において攻撃的な言葉をくり返し投げかけるような人は、他者の眼差しが、現実的に自分に向けられないからこそ、激しさをむき出した攻撃的な情動を表現している。しかし、そのような人は、現実には人の目を怖れてびくびくする、電話の中での姿とはまったく異なる姿をもっている可能性もある。

このような他者から見られる自己を解離させたまま意識化せずにいられることは、多くの場合、現実を直視することを回避させることになり、自分自身への直面化をも緩めていることになる。しかし、直視することの難しい心の傷や問題をかかえている人にとって、電話は支援の可能性を秘めているといえる。最近、非常に多く存在するといわれる対人関係のもてない引きこもりの青年などは、まさにそのような対人関係における他者の眼差しを怖れるがゆえに、外に出られなくなってしまった場合が多くある。彼らが対人関係を形成していく過程において、半相互的空間としての電話が、一つの可能性をもっているように考えられる。

引きこもりの多くの者が、インターネットなどのヴァーチャルなつながりはもてるという。文字という比較的抽象的な関係は、自らの内的世界を安全に守れる距離のある関係である。しかし、電話は、直接見る見られる関係ではないにしても、音声による直接的つながりであり、音声から相手の反応を把握できる面もある。それはまさに、直接の対面と文字によるコミュニケーションの中間に位置する関係であると考えられる。電話は、そのような問題をもっている人への可能性を切り開く一つのチャンネルとなりうる。しかし、それはあくまでかけ手が、主体的に求めてきたときに、その可能性を開けるのであり、治療者側から直接働きかけることは、侵入以外のなにものでもないことも忘れてはならない。

結論

ここでは、いのちの電話という二四時間体制の電話による相談活動の内容から、電話における心理治療関係の特徴について、特に頻回通話者を例として、その特徴について、検討してみた。インターネットによる文字のコミュニケーションと対面による実際の見る見られる関係との比較から、電話における心理治療的関係の特徴を明らかにしている。

それは音声による時間を共有する密度の高い関係が成立するものの、匿名性が維持され相手の眼差しが見えないところから、相手からの眼差しに意識的とらわれのない関係が成立しやすいと考えられる。この匿名性が維持された関係は、他者との全面的な相互関係としては制約をもっていることから半相互的空間の関係といえる。それは他者からの眼差しを恐れ、評価を嫌う引きこもった人たちへの関係の場となりうる可能性があると考えられた。頻回通話者の理解から、そのような分析が可能であると思われた。しかし、その一方で、そこから現実の社会へ出ていく可能性をいかに見いだしていけるか、今後の課題である。

文献

斉藤友紀雄　二〇〇一　「いのちの電話統計市況」、樋口和彦監修『ひとりで悩まずに……いのちの電話』ほんの森出版。

サリヴァン、ハリー・スタック　一九八六　『精神医学的面接』中井久夫ほか訳、みすず書房。

永井　撤　一九九四　『対人恐怖の心理――対人関係の悩みの分析』サイエンス社。

――　一九九七　「心理相談におけるこれからのあり方――電話相談の体験から考える」『東京都立大学人文学報』二七八号、四五―五四頁。

Fenigstein, A., M.F. Scheeier, & A.H. Buss. 1975. "Public and Private Self-consciousness : Assessment and Theory." *Journal of Consulting and Clinical Psychology* 43 : 522-527

解題

社会におけるコミュニケーションのとり方は、その技術的な進歩に伴い大きく変わっている。人の本来的なコミュニケーションのあり方に合わせて技術が進歩するのではなく、技術の進歩に合わせて、人間の方が変わってきているのだろうか。

樫村愛子（『ネオリベラリズムの精神分析』光文社、二〇〇七年）は社会学的な立場から、現代社会におけるコミュニケーションのとり方について、電子メディアと「解離的人格システム」が特徴的に機能していると述べている。電子メディアは、ファイリングによってあらかじめ会いたくない人をシャットアウトし、匿名性や非直接性、非同時性などによって、一時的な擬似的不透明を構成し、葛藤を先延ばしにできる。さらに現代人の人格的特徴である「解離的人格システム」は、統合された一つの人格として多様な現実に対処せず、多重人格的に個々の現実に解離的に対処するシステムである。もしこのような解離的な人格システムをうまく機能させることができれば、新しいコミュニケーションのとり方が展開していける可能性もあるのだろうが、現実的な人と人との関わりには、そう簡単には変われない面もあるのではないだろうか。そのあたりを次の章で考えてみたい。

第一一章　これからの心理支援のあり方について

はじめに

電話相談の現状で起きていることをふまえつつ、ここではこれからの心理支援のあり方について考えてみたい。

最近の情報技術の進歩は、社会構造のあり方すらも大きく変えており、それは確実に対人関係におけるコミュニケーションのとり方にも影響を与えている。携帯電話やインターネットによるコミュニケーション手段を、社会的な対人関係スキルを身につけた後に学んだ者と、現在の子どもたちのように、それらを並行的に体験している世代とでは、社会的なコミュニケーションのとり方や人との関わりの体験様式に違いがあるのだろうか。

たとえば、すでにみられるそのような影響の一つとして、対人関係のスキルの欠如が考えられる。地域社会の生活場面で、対人関係が希薄になってきていたことは従来から指摘されてきたことである。しかし、それでも社会生活を営むうえで、直接的な人との関わりは直面せざるをえない現実としてあった。ところが面と向かって話すことがなくても生活が成立するようになることは、つねに相手からどう思われるか意識することがなくなり、そのことが人との人間関係を形成する力を身につける機会を奪っているようにも思われる。

情報のやりとりがメールや携帯電話で気軽に簡単にできるようになったことが、逆に人とコミュニケーションをとる力を劣化させた可能性が指摘されている。このような当たり前と思われる人間関係の形成が、基本的な経験の欠如のために難しくなってきている。

航空管制官をしていた知り合いが語ったことであるが、管制官にいちばん求められる資質は、語学力でもデータを読む力でもなく、人間関係をうまく形成し、円滑なコミュニケーションができる能力であるという。それが最先端の技術が必要となる、巨大な飛行機の離発着に対して指示を行う管制官の基本的な資質として求められているという。

ごく最近、私の属する大学の教員に行った調査（槇野 二〇〇八）で、学生の対応上困ったことについて尋ねた結果、一八七名の教員のなかで九六名（五一・三%）が、「こちらの言っていることがよく伝わらない」と答えている。このような例を一般化することはできないが、対人関係の希薄化が起こっていることは多くの人が認めるのではないだろうか。対人的なコミュニケーションやスキルの問題は、表現する形態や方法レベルといった表面的な問題なのか、もう少し深いところのこころの問題として起きてきていることなのか、そのへんの判断には慎重を期すべきであろう。しかし、知的能力も高く言語能力ももっているが、情緒的なコミュニケーションの能力に著しい偏りがある高機能自閉症やアスペルガー障害のような問題が非常に注目され、増えてきている状況は、今日の社会の見えないところで起きている変化を察知し、警告しているようにも考えられる。このような現在の状況が、カウンセリングや心理療法的な関わりを中核とする心理支援にどのような変化を及ぼしてくるのか。今の段階ではまだ確たることはいえないが、少し考えてみたい。

心の問題への取組みと動機づけ

従来、心理療法の基本は本人が自らかかえている問題や悩みに対し、なんとか解決したい、あるいは新しい自己を見いだしたいという動機があってはじめて成立する支援と考えられていた。本人、あるいは家族が、問題を解決しようとする動機がどの程度あるかが、現実的な解決にとって重要な要因となっていた。

つまりは、何とか解決したいというより強い問題意識が、支援の前提になっていた。より強い葛藤や悩みが問題解決の動機づけになっていた。こころの問題について、その理解が広がり、許容範囲が広まることで、現実レベルにおける社会的なプレッシャーが表面的には軽減されてきた。そのため、悩みそのものが葛藤として顕在化しにくくなってきているとも考えられる。

例えば学校に行けないことは、かつては周囲や社会から相当のプレッシャー受けることであったし、本人自身も学校に行けないことの葛藤を強くもっていた。現在でもそのように、行きたくても行けないという悩みをかかえている子どももちろんいるが、少なくとも意識レベルでは、そのようなプレッシャーや葛藤を以前ほど強く直面化せずにすんでいるようだ。その反面、漠然とした不安や孤独が社会全体の中で広がっているようにも思える。

具体的な生活レベルでみれば、何か問題が起きたり病気になったりすると、インターネットで手軽に情報を収集することができる。不登校についても、検索サイトで探せば、実際に同じ問題をかかえている親や本人の手記、支援組織や相談機関の紹介など、十年前には考えられないほど多くの情報を収集することができる。わざわざ専門家のいる相談室に予約して時間をとり高額の料金を支払うことなく、相当に詳しい情報を得ることができる。こちらの質問に個別に答えてくれる方法も、比較的多く実用化されている。それだけ手軽に便利に回答が得られる。このような情報が手に入ることで、一人で気にする状態よりも安心感が得られ、取り組み方も変わってくる。このような利用が問題解決のきっかけになる場合も多くあるだろう。苦労して、時間とお金をかけて自らの問題に取り組まなくても、手楽に情報や対応の方法を知ることができるようになってきたのは、確実に多くの人にとって喜ばしいことである。しかし、このような情報で解説されているマニュアル的な対応で手軽に解決できるような期待が、一方では悩みや葛藤への直面化を回避させてしまう可能性もあるのではないかと思われる。

さらに若い人にとってはすでにウェブ空間が、人とのコミュニケーションをとる新しい出会いの場としての機能を果たし、現実の人間観関係と同じくらい重要な社会との窓口になっている場合がある。

このようなコミュニケーションの場は、人と直接的に関わりの中でしか解決の糸口が得られないような問題に対して、取り組もうとする動機づけを弱める可能性がある。直接的な関わりは、つねに相手の眼差しにさらされているわけであり、相手からの評価を意識せざるをえない現実に直面化させられる。ネットによる解決の試みは、そのような相手との直接的なコミュニケーションを回避し、匿名性の関わりを温存させており、それがまた多くの対人関係の問題を生みだしている。

ネットの中であたかもリアルに存在するかのような自助グループの集団が、確かに、その空間での関わりによって大きな支えになることもある。しかし、それが、あらぬ方向に動きだしてしまう場合もある。サイトで知り合った人たちによる集団自殺などは、その典型的な例かもしれない。関係が、自分の思い描く世界だけで保持されている状態からはみ出して、現実場面で行動化した時、大きな問題を引き起こすことになる。ネットを通じたこのような関係は、本来きわめて不確かな相互性の関わりであり、客観的な立場で相手から見られる自己を意識する体験が欠落しているため、その関係に支障をきたすようなズレを意識することなく、自分の思い描くままに相手との関係が成立しているように思いこんでいる可能性がある。もし、現実レベルとのギャップを自覚するような気づきを体験したならば、見ず知らずの人たちと一体化するような危険性は軽減するのではないだろうか。

こころの問題の場合、人がもっている本来的な人と相互的な関わりによって、安心感を得ることが問題解決の大きな原動力となるように考えられる。今日の情報科学やそのための技術の進歩は、そのような当たりまえの相互的なコミュニケーションを独りよがりのものにする危険があることを心しておくことが必要であろう。それでは、確かな、あたりまえの本来的なコミュニケーションとはどのようなものであろうか、その基本について考えてみたい。

本来的に母子関係が対人関係の基本

例えば、本来的な人のあり方考えた場合、どのように科学が進歩しても、生後数年間の乳幼児期の子どもの姿は、社会の進歩にもかかわらず変わっていないのではないかと思われる。母親が子どもを養育するなかで互いに体験する関わりは、いつの時代にも変わらない人と人との関わりの原点ではないだろうか。確かに、乳幼児期の子どもを虐待する親の問題が取り沙汰されてもおり、親の養育能力の劣化が問題になっているが、逆にこのような問題を通じて、この時期の関わりの重要性がよりいっそう明らかになってきているようにも思われる。

ここでは、このような乳幼児の発達と対人関係のとり方を考える手がかりの一つとして、D・N・スターン（一九八九）の理論をたたき台として、発達的な時期における対人関係の基本について取りあげてみたい。スターンは乳幼児の観察から乳幼児自身が世界をどのように体験しているか描こうとして、自己を中心とした自己感の体験様式から四つの段階を分けている。

生後二カ月くらいに芽生えるのが新生自己感である。この時期、乳児が体験する世界を、スターンは、かつていわれていたような自他未分化の混沌とした世界として外界を体験しているのでなく、無様式知覚という、刺激に対する受けとり方が視覚から聴覚さらには触覚という別の知覚に変換しうる世界を体験していると考えている。最近知覚の研究で注目されている共感覚といわれるものは、このような感覚が成長後も保持されているものと考えられる。脳が刺激を受け非常に活性化し、まだ統制しきれていない時期とも考えられる。この時期の養育環境は、非常に重要であり、過剰な音や養育不全の状況、例えば授乳や睡眠の不足は脳の機能的な成長にも大きな影響を与える。そのような不全感はやはり成長後のさまざまな問題に影響するのではないだろうか。

つぎに、生後二〜六カ月ぐらいになって始まるのが中核的自己感である。この時期に自己の発動性、一貫性、自己の歴史からなる認知機能の高まりがみられるという。つまりは自分が一貫した自分であるという感覚が生まれてくる。この自己の一貫性が形成発動しない場合、重度自閉をはじめとする問題の発症が考えられる。この認知機能が機能してこないのが、それ以前の体験要因によるのか、生来的に発動しない器質的な要因によるのかまだ確定したことはいえないが、複雑に絡んだかたちで影響していると考えられる。

七カ月ぐらいになると、これまで目に見える体験や直接的知覚だけに注目していた自分一人だけの知覚体験が、母親と知覚をともにし、いっしょに見つめ、同じ音を聞くようになる。このような他者との関係の中で、ともに生きようとするようになる。それは、また母親の情動を真似て同じ情動を共有することである。母親もまた乳児の情動に合わせて、ズレを修正しようとする。この相互作用が情動調律といわれ、乳児の間主観的な能力を高め、主観的な自己感の形成を促進すると考えている。そのような確かな相互関係の現れは、母親以外の対象に対する不安反応などに現れる。つまりは特定の対象との確かな情動調律を体験できる関係の成立が、それ以外の他者に対する不安つまりは人見知り反応となって現れる。人見知りの背景には羞恥の感覚があると考えられ、母親以外の対象から見られていることへの気づきでもある。われわれは、人との関わりにおいて親との確かな絆をもちえたとき、親以外の新しい対象＝他者から見られて恥ずかしく感じる。それは裏を返せば確かな対象との関係の成立があってこそ、初めて起きてくる感情である。人見知り体験は、その後の成長過程においても日常的に経験するものである。この体験の獲得が、人との関わりやコミュニケーションの原点になっているとも考えられる。それは母親から見られる存在としての自分への気づきでもある。

思春期の子どもたちが性に目覚めたとき、異性に対して示す恥じらいの反応は、この時期の人見知り反応と共通するものが想定される。恥ずかしいという感情は人との関わりにおいて、人の目を意識して初めて自己に気づくのであり、他者との人間関係の形成において重要な体験になる。幼児期の体験が自己という存在への気づきであるならば、思春期は男性あるいは女性としての自己への気づきである。主観としての確かな自己の形成は、確かな対象との関わりをとおして獲得していくわけであるが、そのような自己形成の劣化が、思春期において、あらためて自己に気づく課題と絡んだかたちで、大きな問題になっている。

さて、生後二年目になると幼児は言葉を話せるようになり、今までの自己感とは相当異なった世界を体験することとなる。言葉は世界認識や他者との間主観的な領域を拡大する一方で、その象徴的な働きで、体験を変形し、子どもを総括的な体験から切り離す面もある。観念的な世界で自己を形づくることが可能になってくるのではないだろうか。

以上のような四つの自己感の体験様式は同時並行的に、その後の個人の成長過程において体験の層として継続的に存在している。つまり、ただ単に発達課題として設定されているだけでなく、その後の継時的な体験様式に連続的に関わっていると考えられる。そして、十川（二〇〇三）はこの四つの自己感の外界とつながる回路を、図1のように設定している。

感覚の回路は、誕生からおおよそ二カ月、新生自己感が最も感じられる時期に作られる回路として存在しており、視覚、聴覚、触覚、味覚、嗅覚による感覚を洗練させ、自己と外界との境界を引きなおすことで自己全体を形成する。そして欲動の回路は、中核的自己の形成段階に作られ、身体的なものと心的なものとの境界概念として形成される。情動の回路は、七カ月以降の主観的な自己感の形成段階に作られる。母親が積極的に関わっており、その相互作用によって形成される。言語の回路は、二歳以降の言語的自己感の形成過程で作られる。この回路によって、言葉という今までとは異なる世界での関わりができるようになる。

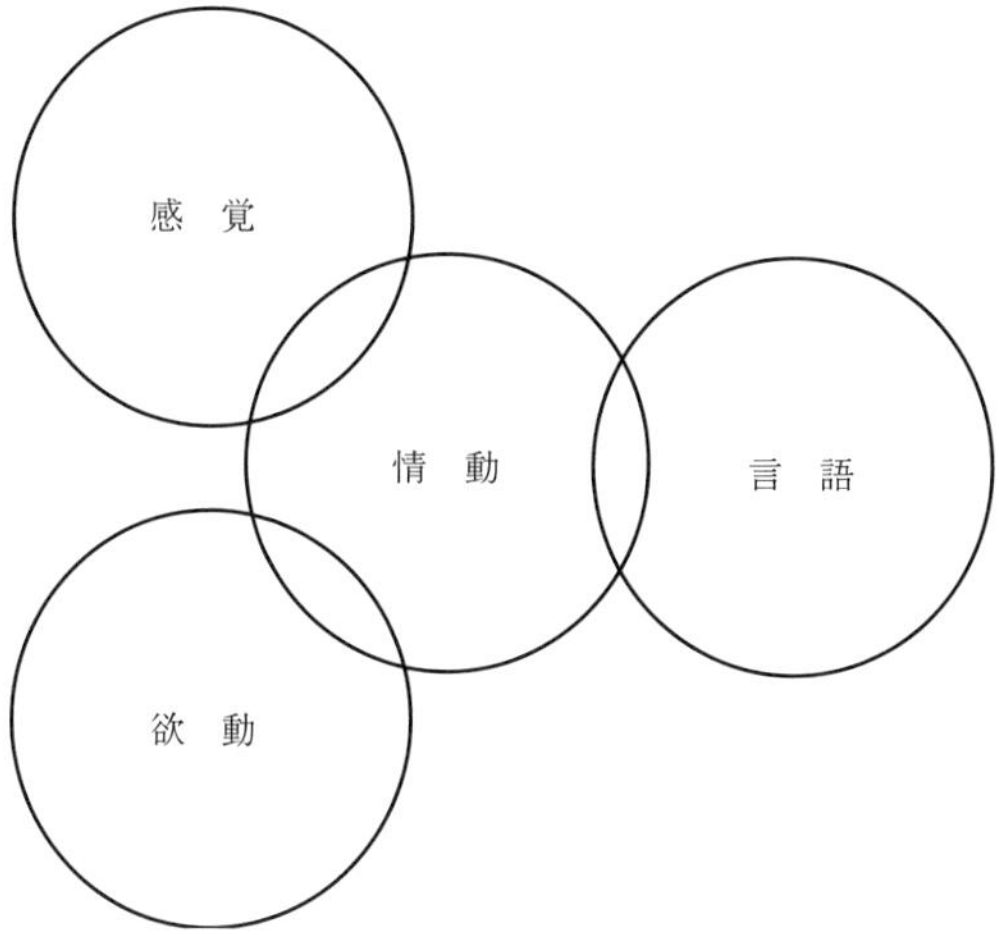

図1　4つの回路の相互関係（十川 2003）

この図にあるように、中心に情動の回路があり、そこから感覚、欲動、言語という三つの回路がつながっているといえる。つまりはすべての回路の中心に相互関係を通じて形成される情動の回路をおいている。これは人の発達における対人関係の重要性をあらためて指摘していると考えられる。

では、このような発達的な体験様式と回路をふまえたうえで、今日的なコミュニケーションのあり方を検討した場合、どのようなことが考えられるだろうか。

特に最近注目されている高機能自閉の問題は、ここで取りあげられている情動の回路を通じての相互コミュニケーションが非常にとりにくいという問題と考えられる。情動の回路は、外界とのパイプとして人間の全体的な統合性を形づくっていくうえで重要であり、この促進が他の回路との関わりをより有効に機能させていると考えることができる。この回路の回復が、より直接的な人との関わりを促進する働きをもっているのではないだろうか。

インターネットによるつながりは基本的には文字による情報を手がかりとしており、直接的な情動性に訴える回路として開かれていない。しかし、電話相談による回路はより情動性にふれる回路として開かれている面がある。このような理論的な枠組みから考えてみると、おのずとそこにインターネット上の文字を介した関係やコミュニケーションが、人の成長における関わりの回路において、どの程度の役割を果たしているのかみえてくる。やはり人の自然なコミュニケーションは、基本的なところでは本来的な関わりとして情動的なふれあいを求めており、それを必要としているのではないかと思われる。

関係の回復

このようなそれぞれの回路を通じた関わりは、乳幼児期以降も同時並行的に体験される。それぞれの機能がより分化し働いていくなかで個人の人格が形成され、本来的なコミュニケーションも形成されてくる。

匿名性が維持された今日的なコミュニケーションの特性として、解離的な人格システムということがいわれているが、その中核には情動的な体験の解離がある。このような現状に対し、恥の感覚の自覚が全体性をもった関係を回復させる一つの手がかりとなるだろう。人見知りは、母と子が全体的な存在として出会う体験の原点であり、このような身体性を含んだ人から見られる自己の自覚が、コミュニケーションの回復につながっていくと思われる。見られる対象としての自己を回復するためには、確かに見ている基盤としての場や価値観、さらには現実感などさまざまなレベルの拠り所が求められるかと思われるが、確かさは身体を基盤とした人との関わりから始まるのではないだろうか。

人の成長に母親の養育が変わらず本来的に必要とされている。それは一般的には愛着といわれる身体的な接触を基盤にした関わりであり、直接的な人と人とのふれあいを基礎においた関わりである。どのようにコミュニケーション手段が変わっても、われわれが求めるものは、そう複雑なものではなく、このような素朴なふれあいであるかもしれない。しかし、実際は相当に複雑化し人工化された社会の中で生きていかなければならない現実がある。養老猛司（二〇〇二）は、現代の都市社会において、すべてが人工化して自然が排除された社会に、われわれ人は生存しているという。このような人工空間の中で自然物はすべて排除されており、そのなかで唯一人工的に統制されないものがあるとしたら、それは人間を含めた生物の身体であるという。人間にとって、身体が相当に阻害された社会状況が生みだされていることはいうまでもない。多くのうつ病を生みだしている現状は、そのような社会的な状況が、いかに人間の自然の営みを阻害してきているかの叫びのようにも思える。

このようななかで、われわれがどのように人間性を回復していけるのか、社会そのものに自然を復活させることは個人レベルでは困難ではあるが、自分の身体感覚を基礎においた情動に開かれた感覚をもちつつ、他者との関わりを回復することは可能ではないか。心理支援において直接的な来談者と支援者という関わりも、そのような視点を根底においたかたちでの幅広い実践が求められてくる。そこから一人ひとりの人と人との出会いと物語が始まるのである。

文献

槇野葉月　二〇〇八　「大学生に対するメンタルヘルス支援体制に関する研究（1）――教職員対象の調査結果から」『首都大学東京都市教養学部人文学報』三九四号、三一―五二頁。
スターン、D・N　一九八九　『乳児の対人世界　理論編』小此木啓吾ほか監訳、岩崎学術出版。
十川幸司　二〇〇三　『精神分析』（思考のフロンティア）岩波書店。
養老猛司　二〇〇二　『人間科学』筑摩書房。

あとがき

この本をまとめようと思い立ったのは、第七章の解題に書いているように、二〇〇五年の心理臨床学会でのシンポジウムで話したことが一つのきっかけである。さらに昨年に出版された『日本の心理臨床の歩みと未来』（木下隆夫編、人文書院、二〇〇七年）に「心理臨床の養成の研究所について」という題で、日本における心理臨床家の養成と、イギリス留学の際、ロンドンにある四つのユング派の研究所を訪問した体験をふり返り、書いてみたことも要因となっている。心理臨床における養成について考えることは、自分自身が体験から学んできたことが基礎になっていると、強く思うようになってきたためである。

日本において、現在臨床心理士が社会的に認められ、統一的な大学院教育についての基準がずいぶんと浸透してきている。これから、より専門性の高い成果主義に堪えうる心理臨床の養成を社会は求めてくるかと思われる。個人の全体性を視野に入れた治療の場合、専門家自身がどれだけ自らの内省を深める体験をしているかが大きな鍵となる。それはやはり指導者といわれる人とのきわめて個人的な関係を通じてしか学びえないものではないかと思われる。ただ、そのような形で修得した専門性がはたして、これからの社会の中で、成果主義の評価に堪え、経済的な基盤を支えていくことが可能であるのか、楽観できない現実がある。

しかし、最近いろんなところで、人と関係を作る能力の重要性やコミュニケーション能力の重要性が指摘されている。このような対人関係力はけっして表面的な技術としての能力だけではなく、その人の人間性そのものが関係を作っていくうえで反映されるのではないだろうか。このような対人関係力を身につけるためにも全人格的な人との関わりがいかなるものか、支援する側の人間が十分に体験的に知っておくことが、重要ではないかと思われる。それは自らを一度は、支援されるクライエントの立場において自分自身をふり返る体験が必要ではないか。その経験がクライエントを理解するうえで、さらには他業種の人との関わりをもっていくうえでも、重要なように思われる。そのためにこの本で記述した内容が多少なりとも参考になれば望外の幸せである。

本書に取りあげさせていただき、いろいろ学ばせていただいたクライエントの方々、直接ご指導いただいた先生方、さらには私を導き、支えてくださった、ここでは名前を挙げられない多くの方々に深く感謝します。最後に、この本が形をなすうえで、お世話いただいた人文書院の伊藤桃子さんに感謝します。

平成二〇年七月

永井　撤

初出一覧

本書の一章から十章までは、以下の論文を加筆、訂正を加えてまとめたものである。


第一章「阿闍世コンプレックス――母子関係にひそむ未生怨と破壊衝動」『日本人の深層分析1　母親の深層』第五章、一二七―一四九頁、有斐閣、一九八四年。

第二章「自己確立について――オディプスとアジャセの物語の比較から」『大和学園セシリア女子短期大学紀要』第一七号、四一―四七頁、一九九二年。

第三章「母親と子どもの物語」『東洋英和女学院大学心理相談室紀要』第七号、三―一三頁、二〇〇三年。

第四章「子どものケースから学んだことのおとなへの応用」『遊戯療法研究』第一五章、二一五―二二六頁、誠信書房、二〇〇一年。

第五章「治療者の経験から見た心理療法過程について――対人恐怖の問題を中心に」『山王教育研究所年報』第一号、五八―六五頁、一九九〇年。

第六章「逆転移についての一、二の考察」『大和学園セシリア女子短期大学紀要』第一八号、四七―五三頁、一九九三年。

第七章「教育分析、スーパーヴィジョン、コンサルテーションという支援」『臨床心理学』第六巻五号、六一二―六一六頁、金剛出版、二〇〇六年。

第八章「或る先生の死」『このはな心理臨床ジャーナル』第三号、七四―七七頁、一九九七年、および「近藤章久先生について」『このはな心理臨床ジャーナル』第五号、一三八―一三九頁、一九九九年。

第九章「心理相談におけるこれからのあり方――電話相談の体験から考える」『東京都立大学人文学報』第二七八号、四五―五四頁、一九九七年。

第一〇章「電話相談における治療関係について」『東京都立大学人文学報』第三三六号、一―一〇頁、二〇〇三年。

第一一章　書下ろし。

著者紹介

永井　撤（ながい　とおる）

1955年群馬県に生まれ，1978年横浜国立大学教育学部卒業，84年東京都立大学大学院人文科学研究科博士課程修了。東京都立大学助手，助教授，教授を経て，現在首都大学東京教授。文学博士，臨床心理士。1978年より江戸川区教育研究所，山王教育研究所で臨床に従事，1984年，当時の都立大学心理相談室開設に従事，現在首都大学心理相談室長。主に子どものプレイセラピーから思春期・青年期の心理相談，親面接を実践，現在は個人療法や学校での心理臨床を実践しつつ，スーパーヴィジョンをはじめとする心理臨床の専門家の養成に従事している。

主な著書としては，『対人恐怖の心理――対人関係の悩みの分析』（サイエンス社，1994）『不登校の心理――カウンセラーの立場から』（サイエンス社，1996）『子どもがつまずくとき――心理臨床実践ノート』（ブレーン出版，2003），『子どもの心理臨床入門』（金子書房，2005），監修『思春期・青年期の臨床心理学』（培風館，2008）など。

実践《じっせん》から学《まな》んだ心《しん》理《り》臨床《りんしょう》
——クライエントと指導者、そして物語との出会い

二〇〇八年八月二〇日　初版第一刷印刷
二〇〇八年九月一〇日　初版第一刷発行

著者　永井　撤

発行者　渡辺博史
発行所　人文書院
〒六一二-八四四七　京都市伏見区竹田西内畑町九
電話〇七五(六〇三)一三四四　振替〇一〇〇〇-八-一一〇三

印刷　㈱冨山房インターナショナル
製本　坂井製本所

ISBN978-4-409-34040-0 C3011

http://www.jimbunshoin.co.jp/